なぜ彼女が帳簿の右に
売上と書いたら
世界が変わったのか？

公認会計士
澤　昭人

×

乃木坂46
衛藤美彩

PHP

「会計の歴史は、
単に景気の変動や数字の増減の話ではなく、
人間と政治の物語である」

（ジェイコブ・ソール『帳簿の世界史』村井章子訳）

まえがき

この本は、「複式簿記がない世界」というパラレルワールドにおいて簿記・会計が発展していく様《さま》を、資本主義経済の発展も絡ませながらSF風舞台シナリオにしたものです。

架空の世界を舞台にすることにより《簿記・会計の本質》《簿記・会計はなぜ必要になったのか》という大きなテーマを分かりやすく、簿記・財務会計の知識がゼロの方から、ある程度知識のある方まで、どなたでも最後まで読めるように工夫したつもりです。《仕訳《しわけ》》や《借方《かりかた》・貸方《かしかた》》という簿記の初歩から、《株式会社会計》の誕生、そして《クリーン・サープラス関係》《不正会計》という現代企業会計のトピックスまでという、簿記や財務会計の核心となる部分を戯曲のようなストーリーで分かりやすく説明しています。

主人公は簿記の資格をお持ちの乃木坂46衛藤美彩さんです。衛藤さんは私との講義中に突然、〈パラレルワールドの美彩〉と重なり合ってしまいます。彼女はその世界に戸惑いながら、持ち前の明るさと努力で、資本主義経済が発展していなかったその世界を劇的に変えていきます。とかく簿記や会計の本はつまらない、無味乾燥で最後まで読めないと言われていますが、この本で簿記・会計の本質とともに、その面白さを味わっていただければと切に願っております。

作中、衛藤さんの台詞《せりふ》に「私もこういうの意外と好きなんだよね」というものがありますが、この本で簿記・会計についてそう感じていただければ、格段に理解力が高まっているはず、と信じております。好きこそものの上手なれ、ですからね。

なおこの本は、とにかく最後まで読み通せることを重点に書かれていますから、簿記・会計や法律まわりの記述についてはかなりラフな言い方をしている箇所が随所にあることを、あらかじめご了承ください。ＳＦですから歴史的な側面もかなり脚色しています。人名や企業名・商品名などもすべて架空のものです。

最後に、簿記・会計の学問的な観点から多大なアドバイスをいただいた濱本明・日本大学商学部准教授に感謝の気持ちを表して、この「まえがき」を結びたいと思います。

平成二十八年八月　澤　昭人

目次

まえがき……002
プロローグ……006
登場人物……010
序幕……012

【複式簿記導入編】

第1幕
平野屋開化堂店内――仕訳……015

第2幕
同平野屋開化堂店内――総勘定元帳……035

第3幕
三本家邸宅客間――借方と貸方……049

第4幕
同三本家邸宅客間――取引の二面性……067

幕間　貴己の部屋　触れ合う手と手……078

【現代企業会計登場編】

第5幕　その一
平野屋開化堂店内――売上原価と期間損益計算……087

その二
同平野屋開化堂店内――期間損益計算と資本金……103

第6幕
鹿鳴館控え室――貸借平均の原理と試算表……119

第7幕　鹿鳴館別の控え室――固定資産と減価償却……141
第8幕　司法省法制審議会会議室――利益剰余金とクリーン・サープラス関係……159
第9幕　清原家邸宅客間――報告形式と経営指標……177
幕間　乃木ちこ事務室　リーダーとフォロワー……200

【株式会社会計発展編】

第10幕　鹿鳴館舞踏室――実現主義と発生主義……211
第11幕　乃木ちこ倉庫――在庫と粉飾決算……235
第12幕　清原紡績事務室――株式市場とクリーン・サープラスの断絶……261
幕間　乃木ちこ事務室　エヴァンゲリスト……284
第13幕　乃木ちこ株主総会会場――複式簿記と資本主義経済……291
終幕　同乃木ちこ株主総会会場……312
エピローグ……318
あとがき……320
解説……322

プロローグ

衛藤美彩は今日もやる気満々で仕事場に向かった。

この業界に入って勉強に関する本の仕事は初めてだった。簿記の資格を持っている自分だからこその企画らしいが、そこには一抹の不安もあった。

(仕訳とかは覚えてるけど、難しいところはなんだかもううろ覚えになってるし……まあ、何とかなるか)

部屋に入ると、スーツ姿にネクタイを締めた公認会計士の先生らしき人や出版社の人たちがずらっと並んで机に座っていた。

(いつもと雰囲気違うなあ……)

なんかやりづらいと一瞬感じたが、そこは持ち前の明るさと自信で笑顔を振りまいて席に着いた。

簡単な自己紹介が終わると先生から主旨説明があり、今回の企画はただ講義を聞くのではなく、先生と二人でシナリオを完成させて本にするという。

いったいどんなシナリオなんだかイメージできなかったが、

「大丈夫です。この企画は私しかできなかったと言われたいです」

と確信のある眼で先生を見返した。

「では、もしこの世界に複式簿記がなかったら、世の中はどうなっていたと思う?」

「えっ? ……」

突然の予想もしない質問に美彩は戸惑った。

「複式簿記って、何のためにあるのかをまず考えてみて」

「取引を記録するため?」

「そうだね。仕訳がすべての元データになっていて、そこから転記して総勘定元帳とかを作るんだよね。でもなんで複式簿記じゃなきゃいけなかったのかな？　他にも方法はあったんじゃない？」

「便利だった……から？」

「複式簿記のどこが便利だったと思う？」

（どこがって……質問の意味がよくわからない……）

「……」

「複式簿記は世界共通の方法だって知っていた？」

「もともとイタリアとかでできたものですよね。授業で習った気がします」

「そうだね。大航海時代のイタリアで発展したといわれているけど、企業の活動を記録するための方法として、今や全世界共通で複式簿記が使われているんだ。なぜだと思う？」

「なぜって……」

（この先生、質問の仕方が難しい！）

美彩の顔から笑顔が消え、困惑の表情で固まった。

「この企画って、いったいどういうものなんですか？」

美彩は厳しい口調で先生に尋ねた。

「会計に関する本を二人で作るといっても、今回は簿記資格の試験に受かるための本じゃないんだよ。なぜ複式簿記は必要とされ、どう誕生し、どのように発展していったのかという、簿記・会計の本質を描こうと思っているんだ」

（本質って言われても……）

「そんなに簿記のこと覚えていないですけど」

「専門知識なんか覚えていなくていいよ。それより衛藤さんには無の状態から会計の本質を考え抜いてほしいんだ。そうすれば自然と専門知識も身についていくよ。たとえば仕訳って帳簿の右に売上と書いたり、左右に分けて書くよね。この分けることによってどんな効果があると思う？」

「分けることの効果？……」

「株式会社の特徴の一つに所有と経営の分離があるのは知っているかな。この分離によって会計に求められるものはなにか考えられる？」

（私に何を求めているの？　この先生……）

「所有と経営の分離から勉強した方がいいかな。大丈夫、専門知識がなくても衛藤さんが会計的な発想ができるようガイドするのが僕の役割なんだから。主役はあくまで衛藤さんだよ」

美彩の表情は硬いままだった。

（具体的に何すればいいのかさっぱり……この人、本当に私の味方？……）

「複式簿記と株式会社会計の発展は、実は産業革命にも大きく影響を受けているんだよ。そこで、この本を次の講義の時までに読んでおいてくれるかな」

先生が産業革命の歴史の本を美彩に見せる。

（えー、こんな分厚い本いつ読めっていうの……）

「よし、じゃあ複式簿記が資本主義経済に与えた影響から考えてみよう。最初の導入は僕が書いてきたから、まずこのテキストを声を出して読んでみて」

渡されたテキストは見たこともないような漢字の羅列……。目の前がくらくらする感覚に襲われた美彩は思わず目をつぶった。

（もう無理！）

そのまま机に突っ伏して美彩は固まってしまった。

乃木坂46
衛藤美彩

&

公認会計士
澤　昭人

なぜ彼女が帳簿の右に売上と書いたら世界が変わったのか？

―登場人物―

衛藤美彩……乃木坂46衛藤美彩が複式簿記のないパラレルワールドの美彩と重なり合ってしまう。この世界で唯一、複式簿記を知る。パラレルワールドの美彩は衛藤酒造の一人娘で、音楽女学校に通うために東京に来ている。

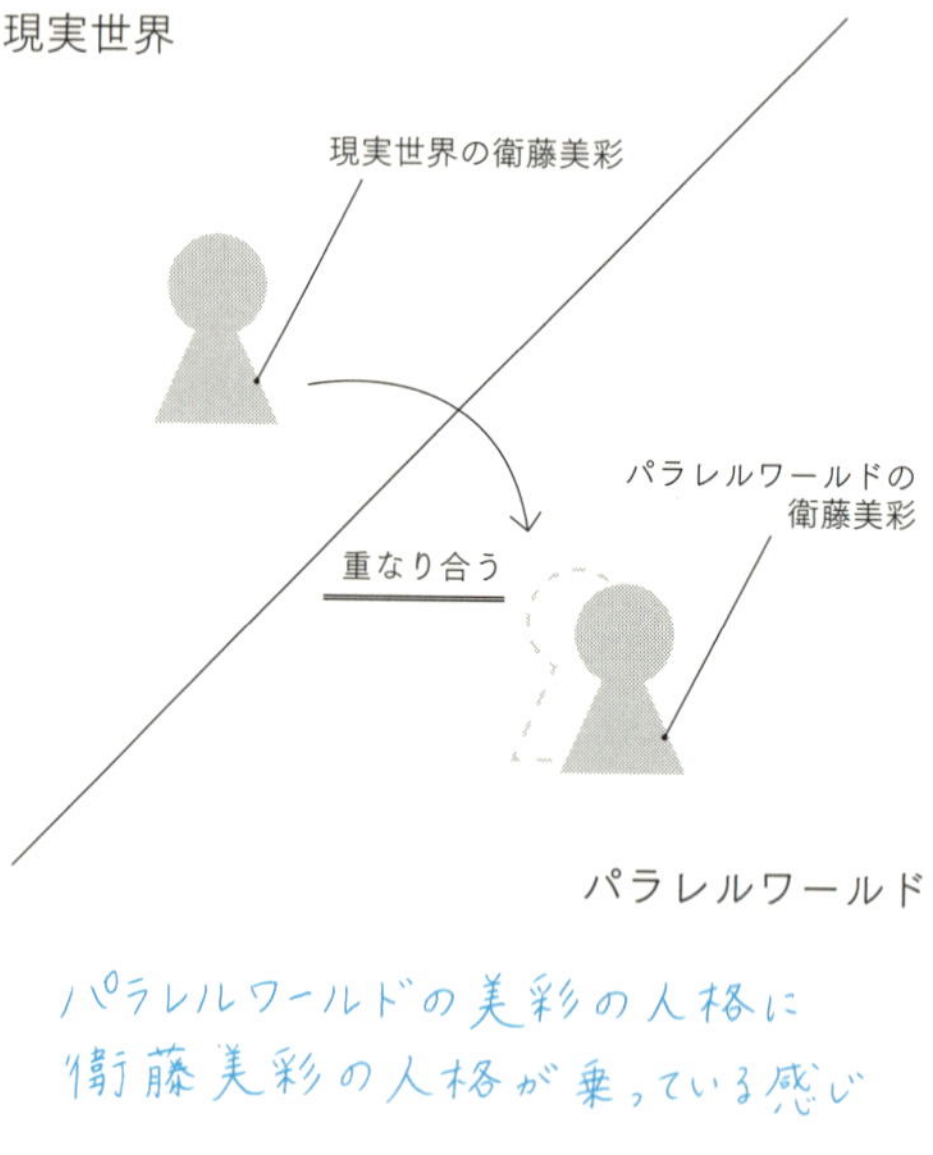

三本惣次郎《みつもとそうじろう》……大商人。貴族の地位を金で買った法服貴族。

三本貴己《たかみ》……惣次郎の長男。

清原順啓《じゅんけい》……侯爵。名門貴族の若き当主。大資本家。

清原和子……順啓の妻。

清原純一……順啓の一人息子。貴己とは幼馴染み。

舞衣《まい》……王家の公女。

真冬《まふゆ》……美彩が通っていた音楽女学校の友達。

森田……帝国大学法学部教授。株式会社法制調査会座長。

井上……子爵《ししゃく》。大蔵卿。あくどいやり口で財力を大きくしている。

近衛《このえ》……司法卿。株式会社法案の責任者。

田所……平野屋が営む輸入食品店開化堂の店長。

木下……関東日日新聞記者。

※本文中の手書き文字（手のひらのイラスト）：衛藤美彩

序幕

「衛藤美彩は資本家の魔女である！」

森田教授が配ったチラシを手にした群衆の一部が「魔女狩りだ！」と叫びながら株式会社乃木ちこの株主総会会場の方角へ動き始める。

総会会場には森田教授の姿も見える。

白のワンピースに身を包み、首には大粒の真珠のネックレスをした美彩が壇上に立つ。

「株主の皆様、お待たせいたしました。これより、株式会社乃木ちこの臨時株主総会を開催いたします」

「動議！」

森田が突然立ち上がり叫ぶ。

「衛藤美彩は資本家に取り入る魔女である！　それが証拠に複式簿記などという資本家にとってまたとない道具を生みだした。そんな魔女は乃木ちこには必要ない！　解任を要求する！」

議場は騒然とする。

「ただいま、私、衛藤の代表取締役解任動議が提出されましたが、皆様のお手許にある招集ご通知に記載の通り――」

「議長交代！　魔女が議長をしていること自体おかしい。議長交代せよ」

森田は壇上の議長席に駆け寄ろうとしたが、会場裏から貴己が飛び出してきてすんでのところで森田を押さえ込んだ。貴己のシャツは血で真っ赤に染まっていた。

「貴己さん、その血は」

美彩がそう叫ぼうとしたとき、轟音《ごうおん》とともに会場のドアが蹴破《けやぶ》られる。群衆が「魔女がいるぞお！」と叫びながら会場になだれ込んでくる。

「美彩君、逃げろ！」

貴己が美彩を振り返りながら叫ぶ。

美彩は硬直してからだが動かない。

（ああ、なんでこんなことになってしまったんだろう。六年前、あの開化堂の机で目覚めてから、この世界はこんなにも変わってしまった……）

複式簿記導入編

第1幕

平野屋開化堂店内

―― 仕訳 ――

ナレーション

序幕の六年前……

ここは西暦二〇一六年（平成二十八年）の日本──複式簿記がないパラレルワールド。

複式簿記がないために資本集約的な工業経済が発展しておらず、明治、大正のような生活様式が続いている。

政治、経済は人口の１％ばかりの貴族が取り仕切っており、残り99％の庶民たちは質素な生活を強いられていた。

近年までこの世界は人口も物価も役人の給料もほとんど変わらない安定が特徴の社会だった。しかしそれは、裏返せばどこか停滞感のある、変に老成しきったような若さのない社会ともいえた。

美彩

気づくと、美彩は机に突っ伏している。

おもむろに顔をあげると、そこは古めかしい木造の建物の中。ぼんやり周りを見回す美彩。背の低い間仕切《まじき》りの向こうに商品棚がいくつもあり、麻袋《あさぶくろ》や缶のようなものが並んでいる。

（あれ？　ここどこ？）

焦げ茶色の机の上には、メモ帳のような紙が散らばっている。美彩が手に取ると人の名前や金額が書いてある。

（何これ？）

正面の壁には似たような二枚の絵が掛けられ、その絵に挟まれる形で楕円形の鏡がある。美彩は鏡の中の自分を見る。そこには緑地に赤や黄色の縦縞《たてじま》模様が入った小袖《こそで》を着て髪を藍《あい》色のリボンで結んでいる自分の姿が映し出されている。まるで大正時代の女学生のような袴《はかま》姿。

（なんで袴なんか穿《は》いてるんだろう？）

知っている人がいないか目で探すと、見覚えのある少女が自分と同じような袴姿で麻袋のようなものを商品棚に丁寧に並べている。

（そこにいるのは真冬？）

「真冬さん？」

真冬　（あれ？　なぜかさん付けしちゃった）

美彩　「何？　美彩さん」

（真冬が私をさん付けするなんて珍しい……）

真冬　「真冬さんは商品棚の整理終わりました？　私は帳簿付けしていたら、いつの間にか寝てしまったみたい。帳簿を書くのは好きなはずなのに、なんで寝てしまったんだろう……」

（えっ？　こんなこと考えていなかったのに口が勝手に喋ってる……）

田所　「それがまだ終わりませんのよ。いくらやってもどんどん商品が出てくるんですもの。キリがありませんわ」

（これって台詞《せりふ》？　馬鹿丁寧な言葉だし……明治か大正の設定？）

カーキ色のスーツにベレー帽をかぶった男が麻袋をいくつも抱えて奥のドアから入ってきて美彩を見る。

美彩　「帳簿できた？」

（帳簿……？　やっぱり撮影よね……どこでカメラ回ってるんだろう？）

田所　「申し訳ありません。まだです」

美彩　「まだできてないの？　帳簿付け得意だって君が言ったから雇ったのに」

「わたくし頑張ります！　もう少しお待ちください」

（……無意識のうちにこんな台詞喋っているなんて、私ってすごい女優なのかも……）

田所「真冬君、このコーヒーはあっちの棚に置いて」

そう言うと男はまた奥のドアから出て行く。

美彩「真冬さん、今日は何日でしたっけ」

真冬「三月十日です」

美彩「もうすぐ卒業式ですね。私たちもとうとう卒業……」

真冬「私は早く卒業してしまいたいです。早く社会に出たいです」

美彩「真冬さんはお仕事お好きだからいいわ。私はまだ歌を歌っていたい……歌っていれば何も考えずに楽しい気持ちでいられる」

真冬「何か悩み事でも？」

美彩「こういうご時世じゃないですか。実家の焼酎《しょうちゅう》が売れないみたいで……製法にこだわって作っているから値段もそれなりにするのでなかなか……」

（焼酎酒造の娘役ね……お酒のイメージ定着してるなあ、わたし）

真冬「それにしても平成ももう二十八年。音楽女学校も卒業。まだまだ自分は若いと思っていたのに月日は知らぬ間に残酷に過ぎてしまいますわね」

（へえ〜、平成なの？　明治か大正の設定かと思いきや……）

田所「おい、君たち。お喋りしてないでちゃんと仕事してくれよ」

田所が再び麻袋を持って現れ真冬に渡す。美彩の机までやってきて帳簿をのぞき込む。

田所「全然進んでないじゃないか。君、本当に帳簿作れるの？　後で綾小路男爵《あやのこうじだんしやく》のところへ掛《かけ》残金を取りに行くから、ここのメモにある男爵の分だけでもさっさと片付けておいてくれ給えよ」

美彩「承知いたしました」

美彩はにこっと笑って田所を見上げる。その笑顔を見て戸惑ったような顔をした田所は真冬と一緒に商品の整理をし始める。するとシルクハットを被《かぶ》った男とその連れ数人が店に入ってくる。

井上「まあこんなものでも売れば利息ぐらいにはなるであろう。さあ、ここにある商品全部持っていけ」

田所「どちら様です？　いったい何事ですか？」

連れの男たちが商品を手に取ろうとするのを田所は慌てて防ごうとする。

井上「どちら様だと！　貴様、庶民の分際で大蔵卿《おおくらきょう》である本官にそんな口の利《き》き方をするのであるか？」

田所「これは失礼いたしました。井上子爵《ししゃく》様ですね。本日、主人の平野はこちら

井上 に来る予定はございませんが」
田所 「主人などどうでもいい。利息の取り立てでこの店の商品をもらいに来ただけなのである」
井上 「そんなご無体《むたい》な。貸付《かしつけ》については今、裁判で争っているではないですか」
田所 「貴様、貴族に対する礼というものを知らんらしいな。一度牢獄にでも入って礼節を徹底的に教えてもらったらどうだ」
井上 「ご無礼があったらお許しください。しかし商品を持っていかれてはわたくしが主人からきつく叱《しか》られますので、なにとぞご勘弁を」
田所 「お前の事情など本官は知らん。さあ、みんな、何をしておる。商品全部持っていけ」
紫紺《しこん》のドレス姿の舞衣を先頭に清原順啓とその息子純一が店の中に入ってくる。順啓たちは首元にシルクのスカーフ、紺のジャケットに白のパンツという貴族風の洋装をしている。
舞衣 「あら、大蔵卿ではありませんか」
井上 「これは舞衣様。いつもお美しい」
井上が丁寧にお辞儀をする。
舞衣 「何事ですの。騒がしい」

井上　「いや、本官が貸し付けた金の利息をこの店の主人平野が払おうとしませんでな。仕方なくここの商品でももらい受けようとやってきた次第です」

舞衣　「ずいぶん下世話なお話ですこと。大蔵卿自らそんなことまでなさいますのね」

井上　「いや、近くまで来たついでというか……」

順啓　「井上子爵、お久しい」

井上　「ああ、清原侯爵《こうしやく》。ご無沙汰しておる」

順啓　「うちの息子は初めてでしたな。純一、大蔵卿井上子爵様だ。ご挨拶しなさい」

純一　「お初にお目にかかります。清原純一と申します」

井上　「ああ、よろしく」

順啓　「さきほどの利息の話ですが、ここ平野屋と争っている件ですね」

井上　「無礼にも大蔵卿である本官を訴えるとは、誠に腹立たしい」

順啓　「確か大蔵卿は平野屋に貸したと主張し、逆に平野屋は大蔵卿に貸したと主張しているとか」

井上　「本官から借りているという証文がありますからな、争うまでもないことである」

順啓　「しかし平野屋は両替商《りょうがえ》が本業ですからね。大蔵卿から借りていたというのはどうも筋が通らないと実は僕は思っていたのです。どうです、ここの紅茶

明治初頭の「尾去沢銅山事件」を題材にしている

でもいただきながら少し大蔵卿の主張を聞かせていただけませんか。息子の勉強にもなりますし、舞衣様もたまにはこういう商売の話も面白いのではないですかな」

舞衣　「それは面白そうですわ」

井上　「いや、……そうだ、本官はこれから仕事があるので、それはまた別の機会に。これで失敬する」

井上とその連れたちがあたふたと店を出て行く。

田所　「舞衣様、順啓様、純一様。誠にありがとうございます。助かりました」

舞衣　「まるで野盗《やとう》みたいね、大蔵卿って。わたくし、大嫌いですわ」

順啓　「元軍人にもかかわらず大蔵卿にまで上り詰めた人だ、それなりに強引なこともできるということでしょう。今回はそのターゲットに平野屋が選ばれてしまった。選ばれた平野屋も災難ですな」

（貴族ならなにやってもいいという設定？　明治時代とかは、本当にそうだったのかなあ）

順啓　「しかし、商人が貴族に貸しているものを、商人が借りているという逆の証文を作る風習がいまだに残っていたとは驚きです」

舞衣　「どういうことですの？」

順啓　「庶民である両替商が貴族に金を貸しているなどというのは無礼だから、逆に貴族が両替商に貸しているという証文を作る風習が、昔はあったのです。今ではほとんど聞きませんが、大蔵卿はその風習を利用したとしか思えませんね」

田所　「全《まった》くその通りです。平野屋は両替商としてはかなり繁盛しているほうですので、大蔵卿からお金を借りる必要など全くないと、主人の平野も申しております」

純一　（さっきから両替商、両替商って言ってるけど、それって何だっけ？）
「おや、君は新しい店員さん？」
純一が美彩に近寄る。

美彩　（やっと私の台詞か）
「今日から帳簿付け担当として働くことになりました、衛藤美彩と申します」

純一　「美彩……綺麗な名前ですね」

美彩　「ありがとうございます。あのう、お聞きしてもよろしいですか」

純一　「何でしょうか？」

美彩　「お金を貸しているのに借りていることにしている証文ですが、帳簿を見れば証文が間違いであることがすぐ分かるのではないでしょうか」

順啓「帳簿係としてそれを証明できると？」

美彩「帳簿を見てみないとなんとも言えませんが」

順啓「だが両替商の帳簿はここにはないだろう」

田所「それが、実はここにございます。大蔵卿が人を雇って盗みでもしかねないと主人が心配しまして、大蔵卿の大福帳《だいふくちょう》だけここに隠してあります」

（ダイフクチョウ？　そんな帳簿の名前聞いたことないけど……それにしてもこの撮影長回しだなあ。いつカット入るの？）

田所が奥から帳簿を持ってくる。

（わあ、何これ？　縦書き……しかも漢数字。これじゃあさっぱり分からない）

美彩「ごめんなさい。大福帳だけ見ると貸していることにはなっていますが、それが正しいということをどう証明すればいいか、これでは分かりません……」

（それにしてもなんでこんな台詞

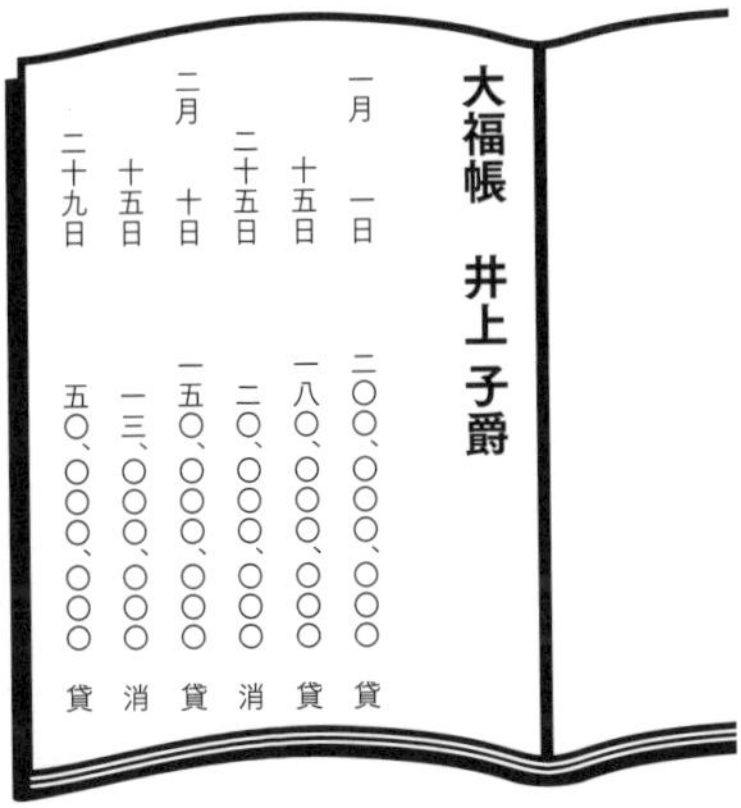

大福帳　井上子爵
一月　一日　二〇〇、〇〇〇、〇〇〇　貸
十五日　一八〇、〇〇〇、〇〇〇　貸
二十五日　二〇、〇〇〇、〇〇〇　消
二月　十日　一五〇、〇〇〇、〇〇〇　貸
十五日　一三、〇〇〇、〇〇〇　消
二十九日　五〇、〇〇〇、〇〇〇　貸

すらすら言えてるんだろう……不思議な感じ。私が私じゃないみたい。これって夢？　でも夢にしては現実感がありすぎる。手とかの感覚もあるし……指でつねってみようかな……あれ？　手を動かせない……ダメだ、体が自由にならない。やっぱり夢か……）

田所「やはり証文がある以上、裁判では勝てないのでしょうか」

順啓「貴族への貸しを借りだと書く風習があったのは裁判官も知っているはずだから、あとはそれを証拠立てる何かがあればいいと思うんだが」

舞衣「裁判に負けたら、このお店も潰《つぶ》れてしまいますの？」

田所「額が額ですから……それにこの平野屋開化堂は主人の平野が道楽で始めたような輸入食品店ですから、真っ先に潰れてしまいます」

真冬「そんなあ、それでは私の仕事もなくなってしまいます」

舞衣「あら、店員さんがもう一人いらっしゃったのね」

真冬はひどい、とばかりに怒ったような顔をする。

美彩「私も、クビですか？」

田所「店が潰れてしまうんじゃどうしようもない」

舞衣「ここのお紅茶、美味しいから潰れてほしくないわ」

（だいたい帳簿がなってないわよ、こんな縦書きの変な帳簿じゃなくて、《複式簿記》にすればいいのに……そうだ、これ夢かもしれないし、なんとかして自分の考えを喋らせれば面白いストーリーになるかも……ようし、《仕《し》訳《わけ》》よ仕訳、帳簿を仕訳に書き直せばいいのよ。さあ言いなさい！）

美彩「あのう……仕訳にしてみればいいかと……」

舞衣「シワケ？　なんですの？　それ？」

美彩「それが、私も分からないんですが……」

舞衣「ちょっと、何おっしゃってるの？」

美彩「いえ、頭の中で声が聞こえて……仕訳にすれば貸したものか借りたものか、他の勘定《かんじょう》科目《かもく》との兼ね合いで一目瞭然《いちもくりょうぜん》だ、と言っているんですけど」

舞衣「頭の中で？　……カンジョウカモク？　……だから、こういう場で冗談言うのやめて頂戴」

美彩「本当にすみません……仕訳を書かせてくれ、と頭の中で叫んでいて……井上子爵様への貸付を仕訳にしてみてよろしいですか？」

（ようし、だんだん私の考えで私が動くようになってきたぞ……）

美彩は鉛筆を手に取り、机の上にあった帳簿の空白ページに書き込み始める。

1/1 井上子爵 200,000,000 / 現金 200,000,000

田所「何だね、この書き方は？」

美彩「これが仕訳……みたいです」

純一「みたいです、って、君変わっていますね」

美彩「ＡＢ型なものですから……」

（何言ってんの？　そこ血液型関係ないから……）

順啓「この仕訳とやら、何か興味を惹《ひ》かれるものがある……詳しく説明してくれないか」

順啓は興味ありげに美彩が書いた帳簿を見つめる。

（よし、まず借方貸方《かりかたかしかた》から説明よ。カ・リ・カ・タ・カ・シ・カ・タ。ああなかなか口が動かない！　じれったい！）

美彩「借方貸方……」

純一「カリカタ……？」

美彩「仕訳は、書く欄が左と右の二つに分かれているんです……」

舞衣「横書きなんて洋風な帳簿ですのね」

美彩は壁に並んで掛けられていた二枚の絵、ゴヤの着衣のマハと裸のマハの絵を指さす。

美彩「あの絵を使って……説明します」

真冬「裸のお姉さんの絵？」

美彩「ゴヤ……という有名な画家の絵です」

真冬　「ゴヤ？　美彩さんって美術にも詳しかったですか？」
美彩　「ええと、私は絵はあまり……でもなんで知っていたんでしょうか……」
（私もなんでゴヤ知ってるんだっけ？　……まあいいや。それよりだんだん私の思うことが言葉になって出てくるようになってきた）
舞衣　「この絵は有名よ。着衣のマハと裸のマハ」
真冬　「私は推理小説は好きなんですけど、絵のほうはあまり……」
舞衣　「あなたの話など聞いておりませんことよ」
また真冬はむっとした顔を舞衣に向ける。
美彩　「向かって左側の……着衣のマハが財産が増える《借方《かりかた》》とします」
美彩は立ち上がると棚にあったコーヒー袋を手に取り、着衣のマハの前の机の上に置く。
美彩　「右側の裸のマハが財産が減る《貸方《かしかた》》とします」
今度はそばにあった果物ナイフを裸のマハの前の机の上に置く。
真冬　「貸方は財産が減って裸にされてしまうのですね。わくわくします」
舞衣　「あら、そういうのお好きなの？」
舞衣は目を細めて真冬を見つめながら笑う。
（真冬は好きよ、そういうの。まじめな割には）

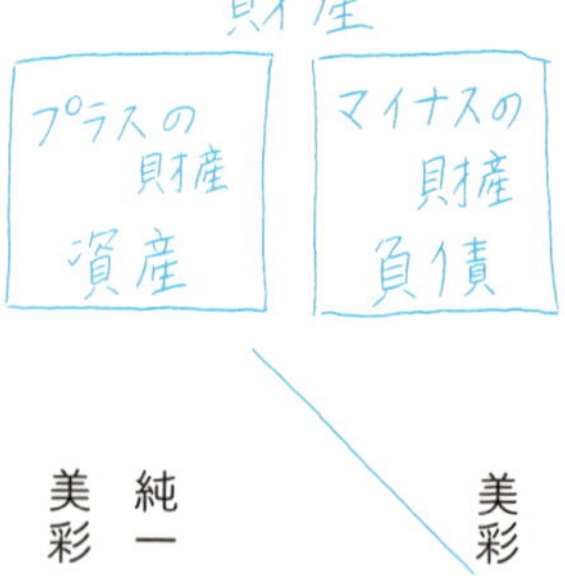

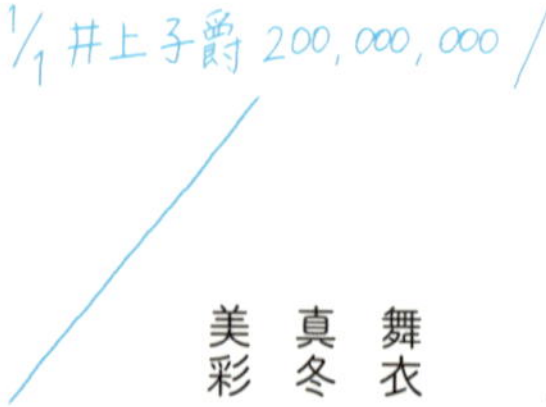

美彩「そもそも財産にはプラスの財産とマイナスの財産があります」
(だんだん滑《なめ》らかに喋れるようになってきた。でもこれって……ロボットに指令出しているみたいで、自分が喋っているのとは全然違う……夢ともどこか違う気が……)

純一「マイナスの財産って、借金のこと?」

美彩「その通りです。プラスの財産を《資産《しさん》》といい、マイナスの財産を《負《ふ》債《さい》》といいます」

純一「資産と負債……財産を二つに区分するんですね」

美彩「では井上子爵に対する《貸付金《かしつけきん》》はプラスの財産でしょうか? マイナスの財産でしょうか?」

舞衣「あら、わたくしに向かって質問をするの?」

真冬「私分かります! プラスの財産です!」

美彩「正解! 後で返してもらえるものですからプラスの財産です。つまり資産。貸付金が増えたことによって資産が増えましたから着衣のマハにあげる」

美彩はコーヒー袋を着衣のマハの前に積み上げる。

美彩「つまり貸付金二億円を借方に書きます。《勘定科目》——仕訳に書く名称のことです——はそのまま貸付金と書く方法もありますけど、誰への貸付なの

1/1 井上子爵 200,000,000 / 現 金 200,000,000

か分かりやすいように人の名前である井上子爵と書きます。これが《人名勘《じんめいかん》定《じょう》》です」

真冬「左の着衣のマハは資産を懐《ふところ》に入れてしまうんですね」

美彩「そうです。貸付をしたことによって現金が減ってしまったので、資産の減少欄である貸方にも記入します。勘定科目は《現金》で金額は同じ二億円です」

真冬「現金を持っていかれて裸にされてしまったので、右の裸のマハになってしまう、ということですのね」

（なんだかそのイメージ忘れられなそう）

美彩「これが仕訳です。ポイントは一つの取引を一つの仕訳で記録し完結させていることです。仕訳さえ見ればその取引の全貌が分かってしまうということです」

舞衣「先ほどからおっしゃっている仕訳というのは帳簿の名前のことですの？大福帳とかと同じ意味？」

（……仕訳なんていう言葉、当たり前すぎて改めて意味を真っ正面から聞かれると答えづらい……）

美彩「仕訳というのは……一つの取引を借方と貸方に勘定科目を使って記録するという意味です。仕訳を書く帳簿のことは《仕訳帳《しわけちょう》》といいます」

順啓　「貸方の現金二億円は井上子爵へ現金を渡したため現金が減少した、そしてそれによって井上子爵への貸付金という資産が増えた、ということを示すのが借方。貸付取引という一つの取引の全貌が仕訳さえ見れば一目で分かってしまうということか……」

美彩　「違う言い方をすると、現金が減ったのは貸付金が増えたから、とも言えます」

順啓　「二つの勘定科目は連動しているということだね。まるで原因と結果、表と裏のように」

（この清原侯爵って人、なかなかダンディーで素敵）

順啓　「君が言っていた貸したのか借りたのか一目瞭然だというのは、全《すべ》ての取引をこの仕訳で記録しておけば、井上子爵への貸付と連動している現金残高を調査すれば分かるということだな」

舞衣　「順啓様、ちょっとおっしゃっている意味が分かりませんわ」

美彩　「二億円を貸し付けたらその分、現金残高が少なくなります。現金は毎日数えて残高を合わせているでしょうから、現金の実際残高の調査表などを調べれば、その日の現金残高が二億円だけ減っているはずです」

純一　「でもそれならなにも君の言う仕訳などにしなくても、今でも現金の出入ぐらい合わせているんじゃないでしょうか」

1/1 井上子爵 200,000,000 ／ 現 金 200,000,000
1/15 井上子爵 180,000,000 ／ 現 金 180,000,000
1/25 現 金 20,000,000 ／ 井上子爵 20,000,000

順啓「現金の実際残高は合わせているさ。問題なのはその残高がなぜそうなったのか、その因果関係が明確に、しかも誰が見てもすぐ把握できるか、ということだ。そうでなければ証拠としての意味がない」

（そうそう、その通り！）

真冬「美彩さん、一つ質問していいですか？」

美彩「なんです？」

真冬「仕訳はなぜ横に書くのですか？」

（えっ、そこ？……うーん、そういえばなんで仕訳って左右に書くんだろう……縦ではだめなのかな……そうか！）

美彩「たくさんの取引を書くとすると、仕訳を横に書けば数字が縦に並びます。数字が縦に並ぶから合計するときの計算がすごくやりやすいですよね」

真冬「まるで何かの暗号ですね……左右二つの欄だけの暗号って、あまりにシンプルすぎるけど、そういうシンプルなものほど奥深い秘密があるんじゃないでしょうか……」

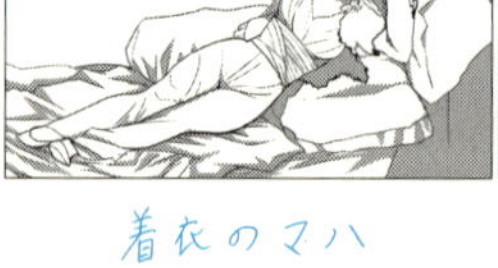

着衣のマハ

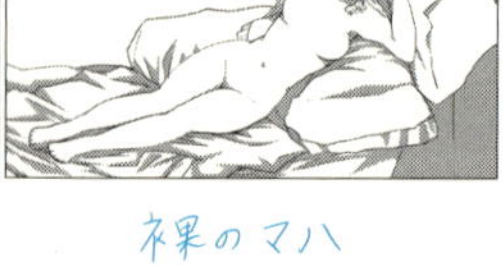

裸のマハ

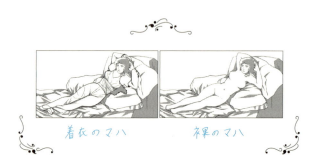

第2幕

同平野屋開化堂店内

——総勘定元帳——

美彩たちが仕訳について騒いでいるところへ紋付羽織袴《もんつきはおりはかま》姿の初老の男が入ってくる。

舞衣「あら、惣次郎様、ごきげんよう」

惣次郎「これは奇遇ですの。一同お揃いで何を騒いでおいでなのかな」

舞衣「お紅茶を買いに来たんですけど、変な事件に遭遇してしまいましたの」

惣次郎「事件とは？」

順啓「例の平野屋と井上子爵の貸付事件です」

惣次郎「ああ、あの大蔵卿の……」

舞衣「大蔵卿がこの店の商品を奪っていこうとなさっていたんです」

惣次郎「それは乱暴な。まあ、井上子爵の横暴さは有名ですからの」

舞衣「元軍人のくせに許せませんわ。それでわたくしたちが追い払ってやったんですの。ああいう下品な方はわたくし大嫌いですから」

惣次郎「わしもコーヒーを買いにここに来たんですが、舞衣様たちがいらっしゃらなかったら危うく買う商品が何もなかったということですな。これは感謝せねば」

惣次郎は袴姿の美彩を見てハッとした顔をする。

惣次郎「君はこの店の店員かね。初めて見る顔だ」

美彩「はい、今日から帳簿付け担当で働くことになった衛藤美彩と申します」
舞衣「帳簿係さんにしてはお綺麗よね」
順啓「この子が少し面白い帳簿の書き方を知っていましてね。それがもしかすると平野屋の裁判の役に立つかもしれないということで、みんなでその仕訳という書き方の講義を受けていたんです……そういえば君、この仕訳というのをどこで習ったんだね」
美彩「それが、頭の中で誰かが喋っていて……」
舞衣「あら、あなたご病気でもあるの？ お若いのにおかわいそうに……」
美彩（ちょっと、ちょっと！ 人を勝手に病気呼ばわりしないでよ！ この舞衣って人、さっきからなんだかむかつく）
「……急に頭の中の声が大きくなってきました……少し休んでもよろしいですか？」
真冬「外の空気でも吸っていらしたら」
美彩「そうします」
美彩はつと立ち上がると店の表の出口のほうに足早に向かう。曇りガラスの引き戸を勢いよく開け外を覗くと、そこには洋館が立ち並ぶ街が見える。目の前の大通りにはたくさんの馬車が行き交い、舗装されていない土の地面には無数の轍《わだち》が刻まれ、瀟洒《しょうしゃ》な洋風の建物がどこまでも並んでいる。
（やっぱり明治時代のセットみたいだけど、どこまでも道が続いているし……リアル感ありすぎてもうとても夢とは思えないし……これっていったい何なの？）

美彩　「……声がますます大きくなってきます……」

美彩は頭を抱えて座り込む。

純一　「大丈夫ですか？」

純一が慌てて駆け寄り、美彩を抱え込みながらもとの席へ座らせる。

美彩　「ありがとうございます。急に耐えられない気がして……でももう大丈夫です」

真冬　「もしかして美彩さんには強力な守護霊がついているのではないですか。それか宇宙からの謎の生命体に乗っ取られているのです」

（私は謎の生命体Xかあ！）

舞衣　「真冬さんはそういうたぐいの本が好きそうねえ」

真冬　「はらはらどきどきするものは何でも好きです。でも純文学も読みます。今はヴェニスの商人を読んでおります」

（真冬がシェークスピア……）

美彩が仕訳を書いた帳簿を惣次郎は取り上げて見始める。

惣次郎「これが平野屋の証拠になるかもしれないという帳簿かの」
順啓「この仕訳という書き方は商売の取引について、原因と結果を連動させて左右に記録するんですよ。左を借方、右を貸方と呼ぶらしいですが、面白いと思いませんか」
純一「貸付金のようなプラスの財産が増加したら借方に書き、お金を貸したことによって現金が減っているのを示すために現金という勘定科目を貸方に書くのだそうです」
（みんなこんなすぐに仕訳を理解しているなんて、やっぱり現実じゃないよね……）
美彩「逆に借りているのであれば、仕訳ではマイナスの財産、つまり負債が増加するので、《借入金《かりいれきん》》という勘定科目で貸方に書かれているはずです」
順啓「そして仕訳は必ず二つの勘定科目を連動させて書くので、借方には借りたことによって増えた現金という勘定科目が書かれているはずであり、その現金勘定の残高は実際の残高と一致している、ということだよね」
美彩「取引を一つの仕訳で完結させて記録するので、仕訳というのは、いわば取引の日記帳みたいなものです」
惣次郎「なるほど……、連動している……これは今までになかったなかなか便利

ここでは「元帳」というのが正確だけど、あえて総勘定元帳といっている

な仕組みですな」

真冬「でも美彩さん。仕訳のままですと貸付金や現金の残高がいくらあるのか逆に分かりづらくないですか？」

（いいこと言うね、真冬。それならすぐ説明できるよ！）

美彩「勘定科目の残高は《総勘定元帳《そうかんじょうもとちょう》》を作れば分かる仕組みになっています」

順啓「そんな帳簿名はさっきは出てこなかったと思うが」

美彩「仕訳は仕訳帳に書きますが、仕訳帳とは別に総勘定元帳という帳簿も作ります」

惣次郎「ではその総勘定元帳というのを書いてみてくれんかの。よろしいか、田所店長。平野屋の帳簿を勝手に使わせてもらうことになるが」

田所「もちろんかまいません。大蔵卿の横暴から助けていただいたのですから」

美彩は鉛筆を手に取り素早く井上子爵の総勘定元帳を書き込む。

惣次郎「これは大福帳を左右に書いているようなものだの。増加は借方、減少は貸方と分けて書かれているから大福帳よりも見やすいが、それならば仕訳など書かずに総勘定元帳だけ書けばいいのではないか」

美彩「総勘定元帳は直接書くのではなく、あくまで仕訳から《転記《てんき》》します。仕訳を見ながら書き写すということです」

純一　「同じものを二つの帳面に書くということ？　面倒ですね」

舞衣　「確かに最初から総勘定元帳に書けばよろしいのでは？　仕訳も書いて、総勘定元帳も書くなんて、二度手間です」

（できればそこ素直に聞き流してほしいなあ。貴族って変に頭いいんだなあ。……というか、平成なのに貴族がいるっていうこのシチュエーション自体がおかしい……夢でもない、といって平成だからタイムリープでもない。とすると考えられるのは……パラレルワールド？　……まさかね）

真冬　「美彩さん、どうしたの？　急

総勘定元帳

井上子爵

借方			貸方		
1／1	現金	200,000,000			
15	現金	180,000,000			
			1／25	現金	20,000,000
			31	残高	360,000,000
	合計	380,000,000		合計	380,000,000

に黙ってしまって」

美彩「ごめんなさい、頭にもうひとつの声が響いて……」

舞衣「いい祈祷《きとう》師でもご紹介いたしましょうか？」

（ほっといて！　……そういえば、この転記の話、ここで目が覚める直前になんかの先生と話していたような……）

真冬「美彩さん？　大丈夫ですか？」

美彩「えっ？　大丈夫です……転記の話ですよね。先ほど言いましたように、取引を一つの仕訳で完結できることに仕訳のよさがあります。別々の帳簿にバラバラに記録していては、平野屋の大福帳と変わりありません」

純一「ああそうだったね。仕訳は二つの勘定科目が連動していて、しかも一つの仕訳で完結しているところによさがあったのに、総勘定元帳とかいうものにバラバラに書いていてはそのよさが全くなくなってしまう」

美彩「それに帳簿というのは取引を記録するものですから、単純なほうが間違いがなくていいですよね。だからまずは仕訳で記録します。一つの取引に一つの仕訳が対応していて、書く欄が二つしかなくて、貸借《たいしゃく》両方に同じ額を書きますから、仕訳は間違いが起きづらいですよね。最初に単純で正確な仕訳を作っておいて、それをもとに徐々に複雑な帳簿を作っていく方法が合理的だと思うんです。勘定科目がたくさん出てきてしまうと、総勘定元帳は勘定科目ごとに頁《ページ》を作りますから、あっちこっちの頁に書かなければなりませんし」

舞衣「あっちこっち……」

美彩「だからまず仕訳を書いて元データをこれで確立しておいて、そしてその元データから総勘定元帳に転記するんです。このやり方のほうが間違いが少ないとは思われませんか？」

舞衣「そう言われると、そういう気もします……」

（絶対そうなんです！）

美彩「一日に何十、何百の取引があったら、しかも何十という勘定科

総勘定元帳

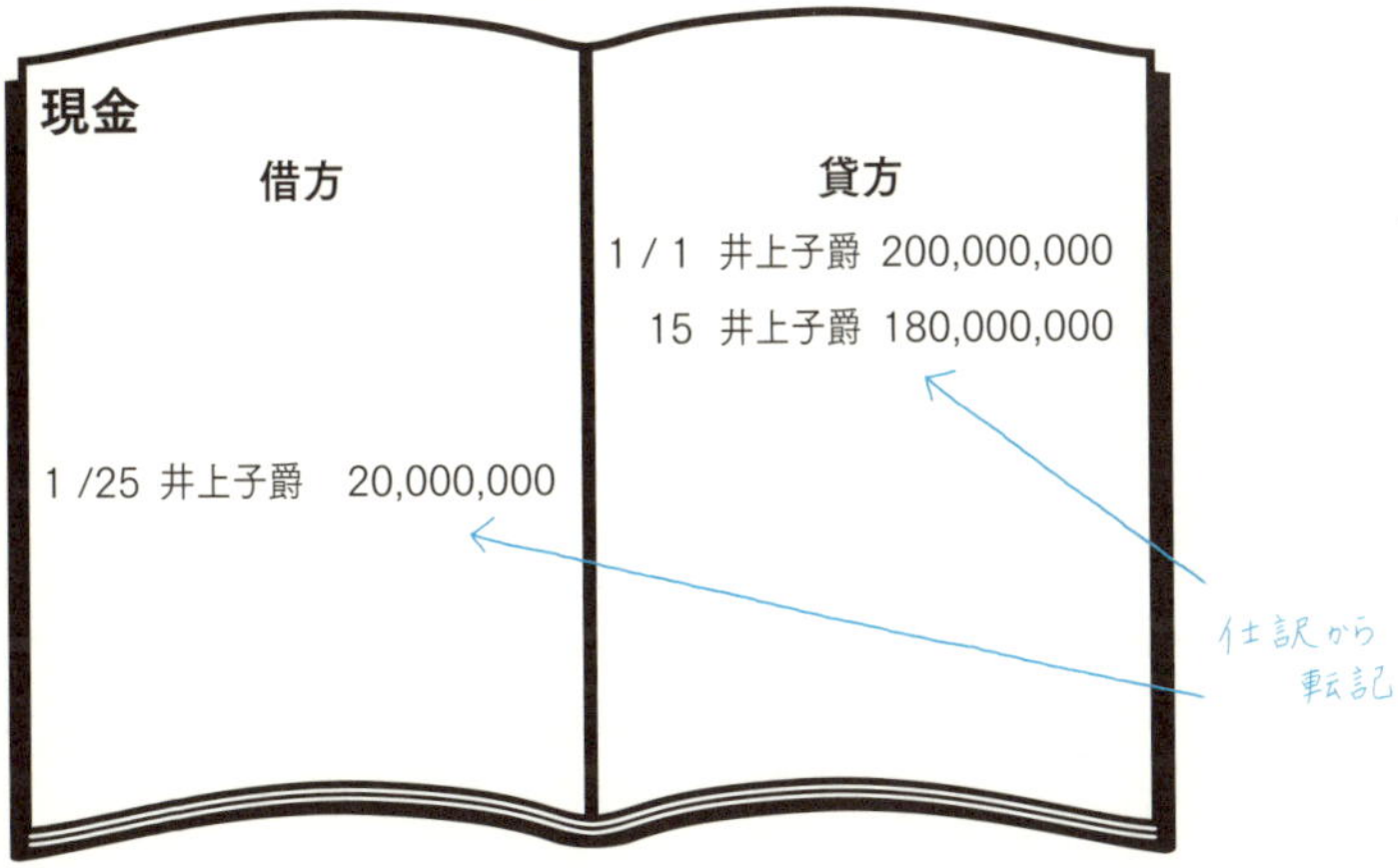

目があったら、それをあっちこっちの頁に書くのは面倒で間違いも多くなりますよね」

舞衣　「まあ、そんな気もするわ」

美彩　「だからまず仕訳を仕訳帳に書いて、そこから総勘定元帳に転記していけば、いろんな勘定科目があっちこっちの頁にあっても仕訳を見ながら転記していけばいいのでやりやすいでしょう。仕訳さえ間違わずに書いておけば、たとえそのあと転記で間違えていても、仕訳と見比べてチェックすれば、どこで間違えていたのか探しやすいですよね」

真冬　「すごいですね、美彩さん。いつの間にそんな知識学んでいた

総勘定元帳

井上子爵

借方			貸方		
1 / 1	現金	200,000,000			
15	現金	180,000,000			
			1 /25	現金	20,000,000
			31	残高	360,000,000
	合計	380,000,000		合計	380,000,000

んですか？　音楽女学校ではこんな授業なかったです」

美彩　「私がというか……私とは別な私がというか……」

舞衣　「またおかしなこと言っているわ」

惣次郎が総勘定元帳の貸方を指さす。

惣次郎　「ではここで残高を貸方に書いているのはなぜか」

（ちょっと見ただけでよくそこまでいろいろ疑問が出てきますねえ。ほんと感心する……でも残高をなんでここに書くんだろう……）

美彩　「たぶんそれは……借方と貸方の合計金額を同じ額にするためです。ここに残高を書くと借方合計と貸方合計は一致しますので」

惣次郎　「なぜ一致するんだい？」

美彩　「図にすると簡単です」

美彩は白紙の頁に急いで何かを書く。

美彩　「貸付金のような資産の勘定科目の場合、貸方に残高を書くと借方合計と貸方合計が一致してしまうんです。貸方の合計に、あといく

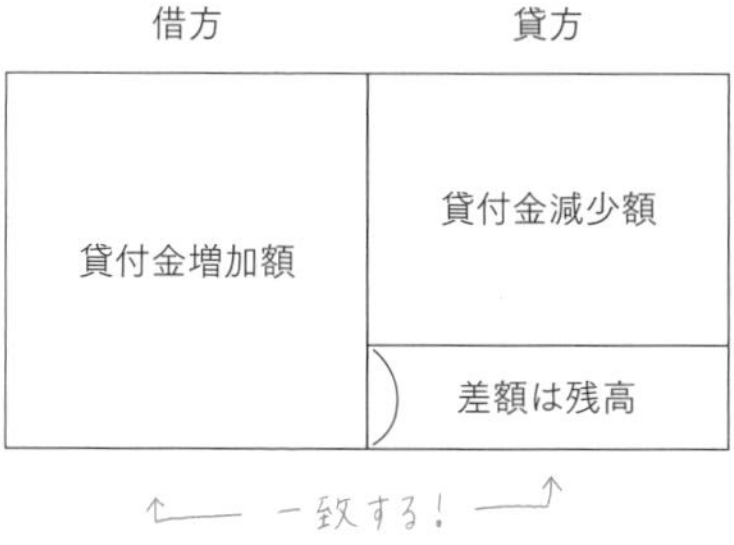

ら足せば借方の合計と同じ額になるだろうという考え方です」

惣次郎　「なるほど、西洋人の発想だな」

美彩　「……？」

惣次郎　「我々は9、800円のものを売って1万円札を受け取ったら10、000円から9、800円を引いて200円と計算してお釣りを返す。だが西洋人は代金の9、800円にいくらを足せば10、000円になるかと考えてお釣りを計算する。加法的減算《かほうてきげんさん》というやつだな。君のやり方は西洋式に近い」

（そういえば、複式簿記ってイタリアが発祥だったよね……あれ？　これもどこかの先生と話していたような気が……）

惣次郎　「残高を書いて借方と貸方の合計を一致させるのは、この帳簿が正確であることを明確に示しておこうという心づもりだな」

順啓　「総勘定元帳に書かれているどの勘定科目でも、借方貸方合計が一致するのかね？」

美彩　「仕訳は貸借同じ金額を書きますから、総勘定元帳のどの勘定科目も残高を記入すると必ず貸借は一致します」

順啓　「仕訳に総勘定元帳。これなら大蔵卿に反証できる証拠となるかもしれない」

惣次郎は懐から懐中《かいちゅう》時計を出しふたを開けて時刻を確かめる。

惣次郎「もうこんな時間だ。開化堂も閉店の時間のはず。わしも帳簿については普段から苦労しておるからつい話し込んでしまった……。どうでしょうみなさん。これからうちで森田帝大教授をお呼びして食事をする予定となっています。みなさんご一緒にいかがですかな。舞衣様と純一君もゴールが近いと聞いております。そのお祝いも兼ねようではありませんか」

舞衣「それは嬉しいわ、ねえ純一様」

純一「ありがとうございます。惣次郎様」

惣次郎「では早速、参りましょう。田所店長も店の戸締まりをして一緒にお越しください。そうだ、帳簿の君も来なさい」

美彩「私ですか?」

純一「それはいい。是非ご一緒に」

惣次郎「ついでにそこの君も来てよろしい」

真冬「ついでにですか……」

真冬はふくれっ面をする。

順啓「ところで、この仕訳とか総勘定元帳とかいう帳簿の記録方法はなんていうのかな」

美彩「複式簿記です」

順啓　「複式？　二つの勘定科目を連動させて記録するから複式かな。面白い名前だね。僕はこんな見やすい帳簿を見たのは初めてだが、複式簿記というのは君が発明したものなのか？　イギリスでもアメリカでもこんな帳簿は見たこともない。大商人である惣次郎殿はどうです？」

惣次郎　「わしも見たことも聞いたこともない。海外生活が長かった順啓殿でも見たことがないとすると、複式簿記は君が生みだしたものだということかの」

（私が生みだした？　この世界って、複式簿記がない世界……なの？）

第3幕

三本家邸宅客間

――借方と貸方――

テーブルを囲んで順啓、純一、舞衣、田所それに惣次郎の息子貴己と森田教授が立ちながら歓談している。真冬がメイドの姿をして飲み物を運んでいる。テーブルの上には平野屋の大福帳と美彩が書いた複式の帳簿が開いて置かれている。

純一　「井上子爵がおどおどと帰って行った姿、森田教授にもご覧に入れたかったですよ。舞衣様の勇ましい姿も見物《みもの》でした」

森田　「それは是非拝見したかったですな」

舞衣　「あら、やだ。わたくしはそんな勇ましくないですわ」

貴己　「僕も拝見したかっ……」

惣次郎が美彩を連れて登場する。美彩は貴己の姉のものである真紅《しんく》のドレスを着ている。

森田　「ほう、これは美しい」

順啓　「複式の女神、といったところですか」

純一　「袴姿よりこっちのほうが似合いますよ」

舞衣　「馬子《まご》にも衣装ってところかしら」

真冬　「美彩さんだけずるいです。なんで私はメイドで美彩さんはドレス着てるんですか?」

美彩は照れ笑いを浮かべながら惣次郎に手を取られて客間の中央まで進む。

順啓「複式の女神、帝国大学の森田教授をご紹介しよう」

森田「お見知りおきを」

そう言うと森田は片膝《かたひざ》をついて美彩の手を取りシルクの手袋をしている手の甲に口づけをする。

真冬「美彩さんだけずるいです」

舞衣「馬子にも衣装よ。それだけのこと」

惣次郎「息子の貴己も紹介しよう。貴己、この子が複式とやらを発明した美彩嬢だ」

貴己は軽く会釈をしただけで口をきかない。

惣次郎「どうした？　レディーに対して失礼だぞ。ちゃんと挨拶せんか」

純一「照れちゃってるんじゃないですか」

森田が美彩の前に進み出る。

森田「先ほど純一君や順啓殿から君の複式について伺《うかが》いました。私は商法を専門にしていてね。世界中の帳簿も研究しておりましたが、その私でも複式のような記録手法は見たことも聞いたこともない」

美彩「……やっぱり複式簿記がない世界……？」

（これってやっぱりパラレルワールド？　……なんかの本で読んだな、私たちの世界は無数のパラレルワールドが重なり合ってできているって。でもどうして私がこんなところに……)

順啓　「複式の女神、何を難しい顔をしているんだね。さあ、みんなで乾杯しようじゃないか」

純一　「複式の女神ね……。複式少女のほうが合ってるかな」

真冬　「美彩さんは、もう少女っていう歳ではないです――私もですけど」

真冬　(まだ少女でもいけると思うけどなあ)

順啓　「そうか、僕は女神という言葉が美彩君にはぴったりだと思うが。まあ若者の意見に従おうか。では我らが複式少女に、乾杯!」

美彩はシャンパンを一気に飲み干す。

一同　「これはいい飲みっぷりですな」

貴己だけ少し離れて立ち暗い顔をしてうつむいている。

順啓　「複式少女はお酒も強いね」

美彩　「そうでもないですけど」

真冬　「美彩さんだけずるい」

美彩　「真冬さんも飲む?」

惣次郎　「メイドが酒を飲んでどうする。ちゃんと働きなさい」

真冬「かしこまりました」
真冬は空のグラスを持ってどたどたと奥へ引っ込む。
純一「美彩嬢、あなたの複式が平野屋の裁判で有力な証拠となるか、森田教授に確かめてもらいたいと思っています。森田教授は日本でも有数の商法学者ですからね。先生が証言すれば、必ず平野屋が勝つと思う」
順啓「田所店長に無理を言って大福帳と君が書いた複式の帳簿を持ってきてもらった」
順啓がテーブルに置かれている帳簿を美彩に示す。
舞衣「なんとしてもあの荒くれ者の大蔵卿を懲らしめてやりたいですわ。ああいう方が貴族というのは日本の王族として恥ずかしくてたまりません」
美彩「それは私も同じです。あの人は悪者……」
純一「はっきりとした子なんですね、複式少女は」
森田「争点は借りたのか貸したのかという、非常に単純なことです。だが証文に平野屋が井上子爵から借りた、と書いてある以上、それを打ち破るのはかなり合理的な証拠がないと難しいでしょう。貴族との取引には借りと貸しを逆に書くという慣習があったことは私でも知っていますから、なんとかなるとは思いますが」

惣次郎「美彩君に平野屋のここ最近の取引全てを複式で記録してもらうというのはどうじゃろう」

森田「実は今、それが一番いいのではと私も思っていました。井上子爵との取引はここ半年のもののようですから、念のため一年間の全取引を仕訳という方法で記録してみてくれないでしょうか。複式という仕訳の特徴である勘定科目間の連動性によって、井上子爵以外の全ての貸付・返済取引と現金残高が正しいとなれば、必然的に井上子爵の取引が貸したものなのか借りたものなのか分かるはずです」

純一「なるほど！　複式で記録すればそれぞれの科目が連動してしまうから、一つの取引だけ事実と違うものにしてしまっては、どこかで何かの残高に狂いが生じるということですね」

舞衣「ちょっとわたくし今のお話についていけませんでしたわ。純一様はもう複式のこと全てお分かりなの？」

純一「いいえ、僕もまだ、この複式は今までの帳簿と違って一つの取引を原因と結果のように一つの仕訳で表現している点が面白い、ということしか分かっていませんよ」

惣次郎「わしはなにより借方と貸方に分けて書くという見やすさが秀逸《しゅういつ》だと感じた」

ここでいう「株式会社法」は「会社法」のこと。
「リミテッドパートナーシップ契約」というのは出資をする人と事業をする人が結ぶ契約。この契約が「産業革命」を起こしたというのはパラレルワールドでの架空のお話。

順啓「同感です。僕もこの帳簿の素晴らしさは見やすさに尽きると思います。今までの帳簿はとにかく分かりづらい。そろばんを使って検算することに頼りすぎているのか、帳簿だけ見てもどれが残高なのかさえ分からないことがある。それに対して複式は仕訳——複式少女に言わすと取引の日記のようなものだそうだが——その仕訳は借方と貸方で一つの取引が完結している。さらに仕訳を転記した総勘定元帳は貸借の合計を合わせて月次《げつじ》の記帳を締めている。こういう発想こそが、これからの時代の帳簿には必要だと思います」

森田「まさにご明察。これからの帳簿は商人たちが自分で管理するためだけのものではなく、資本家から出資してもらったお金がどのように使われているのか、ということを資本家に報告できるものでなければなりません。私も長年それはどういう帳簿であるべきか調査してきましたが、この美彩君の複式が一番優れているように思える。複式少女に乾杯しましょう！」

一同が乾杯をして、美彩がシャンパンをまた一気に飲み干すと、皆が拍手する。

森田「私が考えている株式会社法は資本家から大規模な資本を集めて工業を主とした産業を育成するためのものです。イギリスはリミテッドパートナーシップ契約が発展し大資本を集めることに成功して産業革命を世界でいち早く実現した。日本もイギリスにすぐ追いつかなければなりません。そのために株式会社法案を早く可決させねばと考えています。そして今日、私は誰が見てもすぐ内容が分かる帳簿という、株式会社にとってなくてはならないものを知ることができました。今日という日に乾杯しましょう！」

一同がまた乾杯をしたが、美彩はもう無理ですと首を横に振る。

舞衣（そんなに複式簿記を喜んでくれて私も嬉しいですけど……なんで複式簿記にそこまで感動しているのかよく分からない）

真冬が新しい飲み物を盆《ぼん》に載せて部屋に入ってくる。

森田「難しいお話はわたくしには分かりませんけど、とにかく複式であれば大蔵卿を懲らしめることがおできになるのね？」

物次郎「私も最大限努力しましょう。まずは一年分の取引を複式で記録してもらわないと」

田所「一年分の取引というとかなりの量になるのかな、田所店長」

物次郎「井上子爵との取引は大口取引専用の本店で行なわれておりますから、さほどでもないと思います」

田所「ではどうだ、やってくれるかな美彩君」

「私から主人の平野には伝えるので、是非やってほしい。平野屋を救うと思ってお願いするよ、美彩君」

美彩「私でできることなら何でもお手伝いしますけど……裁判の証拠となるような帳簿を作れるか自信が……」
（私も自信ないなあ……きっと両替商って銀行のようなものでしょう？……できるかなあ）
舞衣「開化堂が潰れてしまってはあなたも無職よ」
美彩「それは困ります。今月で音楽女学校を卒業するので、どこかで働かないと……」
純一「そういえば美彩嬢のことを何も聞いてなかったね。音楽女学校の生徒だったんだ」
美彩「真冬さんは同じ音楽女学校の同級生です」
純一「学校では何を習っていたの？　楽器？　声楽？」
美彩「歌を習っていました」
純一「歌か、それはいい。帳簿の話は少しおいておいて、ここで君の歌声を聞かしてくれないでしょうか。貴己君、ピアノを弾いてくれないか。得意だろう、ピアノ」
貴己「遠慮しておく。すまないが、僕はこれで失敬する」
貴己は部屋の外へ出て行く。一同その後ろ姿を唖然《あぜん》と見送る。

純一　「どうしたんだろう。さっきから急に態度がおかしくなった」

惣次郎　「美彩君に貴子のドレスを着せたのが気に入らなかったのかもしれん」

舞衣　「そのドレス、貴子お姉様のものですの？」

惣次郎　「背丈が一緒だったので、ちょうどいいと思ったんだがのお……」

舞衣　「貴己さんはいまだに貴子お姉様が陛下の第二后妃《こうひ》となられたことを悔やんでいらっしゃるのね」

美彩　「やっぱりドレスなどお借りするのお断りすればよかったでしょうか……」

惣次郎　「君のせいではないから気にせんでもいい」

（そう言われても気になります……何か複雑な家庭の事情があるのかなあ……それにこのドレス、すごいきつくて辛《つら》いから早くもとの袴姿に戻りたいんですけど……）

森田　「そうだ、みなさん」

森田がしらけた皆を元気づけるかのように大きな声を上げる。

森田　「ここで模擬《もぎ》裁判をしてみませんか。大蔵卿がどのようにこの複式に反論してくるかのいい練習になると思います。私が大蔵卿側の弁護人となりましょう。美彩君が原告側証人ということで」

純一　「それは面白そうですね。先生、僕に原告側の弁護をやらせてください」

森田　「よろしい。では裁判長役を惣次郎殿にお願いしましょう」

（いきなり裁判ですか？　私は何をすれば……）

美彩、純一と森田が左右に分かれる。惣次郎が中央に立ち、他の者は少し離れて見ている。

惣次郎　「では原告平野屋、被告井上子爵の貸付金事件について審理を始めます。原告側証人前へ」

美彩がおどおどしながら惣次郎の前に立つ。

惣次郎　「では被告側から尋問《じんもん》を」

森田　「証人である美彩さんが作成したこの帳簿を見ると、左側の頁に借方と書いてある。これはどういう意味でしょう」

総勘定元帳

井上子爵

借方			**貸方**		
1／1	現金	200,000,000			
15	現金	180,000,000			
			1／25	現金	20,000,000
			31	残高	360,000,000
	合計	380,000,000		合計	380,000,000

美彩　「複式では貸付金のような資産の増加は借方に書くことになっています」

森田　「それはおかしいですな。自分の資産が増加したのに、借りとはどういうことでしょう」

美彩　「どういうことと言われても……」

森田　「原告平野屋は井上子爵に金銭を貸し付けたと主張しておられる。証文では井上子爵から借りていることになっているにもかかわらずです。その証拠として複式による帳簿を提出された。ではその帳簿に書かれている一月一日の取引を見てみましょう。現金二億円という記載が見られますが、これが借方の頁に書かれている。裁判長、これは期せずして原告平野屋が借りていたということを自ら白状していることになりはしないでしょうか。二億円を井上子爵から借りたから借方に二億円と書いた。そうではないですか、美彩証人」

美彩　「借方というのは、借りたという意味ではなくて……」

（……そういえば、借方とかの意味って考えたことなかった……学校でもとにかく覚えろって言われていたし……。でもなんで資産が増加したのに借りって言うんだろう……この仕訳は人名勘定を使っているから……あっ、もしかして）

美彩　「……確かなことは分かりませんが……人名勘定を使っているので、その人

1/1 井上子爵 200,000,000 / 現金 200,000,000

が主語になるんだと思いますが……」

純一　「裁判長！　英語のSVという文法のことだと思います」

（そうそれそれ、たぶんそれよ）

美彩　「それと同じ発想……だと思います。井上子爵という人名勘定が主語なので、井上子爵はどうした——この場合は井上子爵はお金を借りていますから、井上子爵が借りたとして借方に井上子爵二億円と書くのだと思います」

森田　「それは詭弁《きべん》ではないですかな。証文に書いてあることは実は逆だったと主張しているのと変わりありません。真実を曲げるための苦しい抗弁《こうべん》です」

（そんなことないもん！）

森田　「原告の主張よりも、証文に書いてある通り平野屋が井上子爵から借りているから、この帳簿でも借りていることを示す借方に書かれていると解釈するほうが、よっぽど筋が通っておりませんか。どうですか美彩証人。あなたは反論できますかな」

（ああなんだかむかついた。ちょっと本気出すよ、あたし）

美彩　「それでは他の勘定科目と矛盾します。仕訳の貸方にある現金二億円というのは現金という財産が減少しているという意味です。ですから現金の総勘定元帳でも二億円減少しているはずですし、実際の残高も減っているはずです。

「掛で販売」というのは代金を後でもらう取引のこと。
井上子爵 10,000 / 売上 10,000

借りているのに現金が減っているなんて、それこそ矛盾してます！」

森田　「そこもなにか策を弄《ろう》しているのではないですか。現金が増えているのに減ったということにしている策を」

美彩　「現金は実際に平野屋にある現物の財産ですから、そんな策など弄しようがありません。現物の金額を数えれば一発で分かってしまうじゃありませんか」

純一　「裁判長。現金が実際にいくらあったのかについては証人に責任はありませんから、ここで問題にするのはどうかと」

惣次郎　「そうですな。確かに現金の実際残高まで証人に責任を持たすこともできまい。被告弁護人はこの点を考慮するように」

森田　「分かりました。では人名勘定に話を戻しましょう。証人はあくまで、貸付金について井上子爵という人名を使って仕訳するために、それが主語となるから——井上子爵が借りた——という意味で借方に書くんだと主張されるのですな」

美彩　「それに……貸付金とかではなく、商品を販売した——例えば開化堂の一万円のコーヒーを井上子爵に掛《かけ》で販売したとします。この場合の仕訳は借方に人名勘定の井上子爵一万円、貸方に《売上《うりあげ》》一万円となります」

森田　「掛販売の場合も借方に井上子爵と書くと」

売上について詳しくは第4幕で

売掛金 10,000 / 売上 10,000

美彩「そうです。商品を販売したときの掛も借方に書くんです。商品を売ったことは貸方の売上という勘定科目で明らかですから、この取引は財産が増えているのは明白です。つまり、借方に書いた井上子爵一万円は、平野屋開化堂の財産が増えているということを示しているんです！」

（ああ久しぶりに頭フル回転させた……）

森田「では売上はなぜ貸方に書くのですかな。貸方は財産の減少ではなかったのですかな」

美彩「この場合は収益の増加を意味します」

森田「またです、裁判長。証人はこの複式という帳簿に関して、この場合はこうだが、この場合はこうなると、自分に都合のいい解釈ばかりします。これではとてもまともな証拠とは言えません」

（そんなことないもん！　この人、ひどい。悪者）

惣次郎「では、人名勘定を使わない場合、例えばコーヒーを掛で売ったとして、勘定科目は何を使いますかな？」

美彩「人名勘定を使わないのであれば《売掛金《うりかけきん》》です」

森田「ではその売掛金という勘定科目で仕訳した場合どうなるのです？　主語は売掛金ですよ。売掛金が借りた、というのは、いったいどういう意味なんで

美彩　すか？」

森田　「売掛金は人名勘定ではない――つまり人ではないのでそういう考えはしません」

美彩　「ではなぜ人名勘定ではない売掛金の増加も借方に書くと？　人名勘定でなければSVは関係ないではありませんか」

森田　「きっと、最初は人名勘定から複式簿記は始まったのではないかと……詳しくは知りませんが……人名勘定を使って処理していた時代の名称が定着してしまって、左は借方、右は貸方というようになった……のかなと思います」

純一　「裁判長。お話になりません。厳格であるべき帳簿が、この場合はこうだ、この勘定科目の場合はこうだ、きっと昔こうだったからこうなったんだ……これではとてもまともな証拠とは言えません」

美彩　「昔使っていた名前が定着してしまうことはよくあることです」

森田　「複式簿記は借方と貸方というたった二つの欄だけで全ての取引を記録します。だからこそきちんとしたルールがあります。都合のいいように解釈しているのではありません」

「ほう、きちんとしたルールがあるとおっしゃる」

（詳しく説明しろと言われると困るけど……）

順啓「裁判長」

順啓が大きな声で惣次郎を呼ぶ。

順啓「この辺でいったん休憩を取りませんか。複式少女もだいぶ疲れたようです。こんな美しい人の疲れた顔を見ているのは忍びがたい」

惣次郎（よかったあ……さすが紳士……）

「そうですな。確かに聞いているだけでわしも疲れた……ではいったん休廷としようではないですか。よろしいかな森田教授」

森田「もちろんです。少し意地悪な質問をしすぎましたかな。気を悪くなさらないでくださいね、美彩君」

美彩「とんでもないです……」

（どっと疲れました）

一同ガヤガヤと喋り始める。

真冬「借方と貸方だけでこんなに白熱できるものなんですね」

純一「面倒だから素直に左を貸方って言えばいいだけのような気もするけど」

（それは無理。だって世界共通、左は借方 Debit、右は貸方 Credit なんだもん）

美彩「左が借方というのは……譲れません」

第4幕

同三本家邸宅客間

——取引の二面性——

同じく三本家客間で美彩たちが模擬裁判を再開している。

惣次郎　「では審理を再開いたします。被告側弁護人どうぞ」

森田　「私は証拠として提出されている複式とかいう帳簿の完成度に疑問を持っております。借方と貸方という名称はここでは問題としないでおきましょう。左欄としての記号が借方、右欄としての記号が貸方だとしておきます。甲欄、乙欄といっているのと変わらないということです。そのうえで、この複式で全ての取引が破綻することなく記録できなければ、原告側が証拠として提出している帳簿が欠陥品であるということになります。このことに異論はありませんね。美彩証人」

美彩　「はい」
（完璧に仕訳できます。自信しかありません）

森田　「では両替商の場合、利息を受け取ります。利息というのは財産でしょうか？」

美彩　「いえ、利息というのは《収益《しゅうえき》》です」

森田　「収益というのは？」

美彩　「簡単に言えば資産が増加する原因のことです。モノを売ったりサービスを提供すれば代金がもらえて資産が増加しますよね」

森田　「利息はモノを売っているとは思えませんが？」

美彩「お金を貸した、というサービスかと……」

森田「ではその収益とはどのように仕訳するのですか？　例えば利息が一〇〇円の場合はどうなりますか？」

美彩「一〇〇円の収益取引があったら、必ず資産が増加します」

森田「それはなぜ？」

美彩「だって一〇〇円だけお金をもらえるので……だから資産の増加を借方に書きます。そうすると残りは貸方しかありませんから、収益の勘定科目を貸方に書きます。収益の勘定科目は、モノを売ったら売上ですけど、利息なので《受《うけ》取《とり》利《り》息《そく》》を使うのかなと思います」

森田「貸方はマイナスの財産、つまり負債の増加だったのでは？」

美彩「それは……」

真冬「はい！　裁判長」

純一の後ろにいた真冬が手を挙げる。

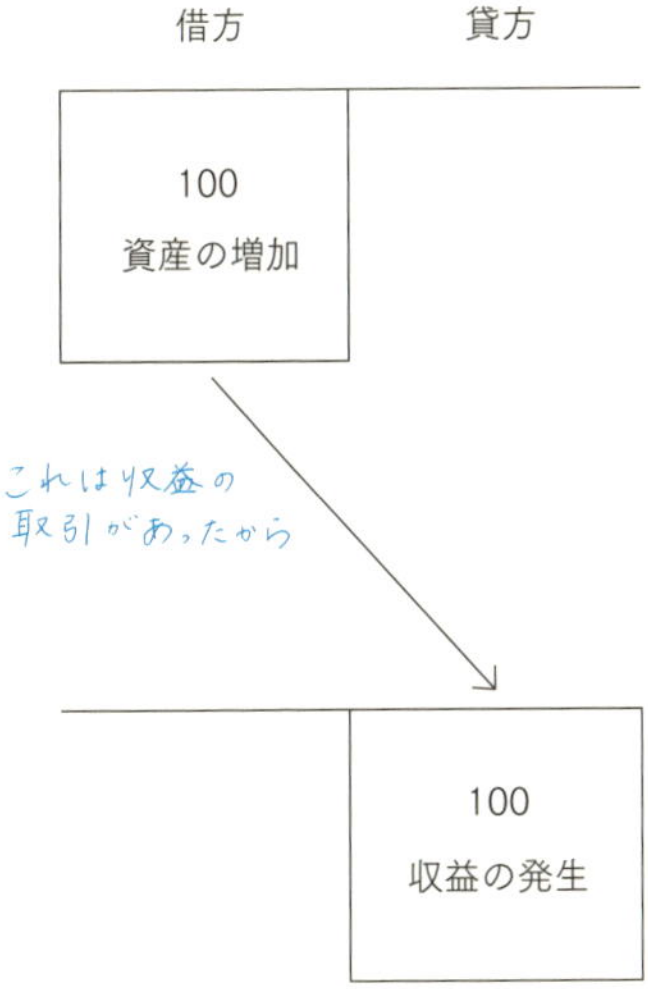

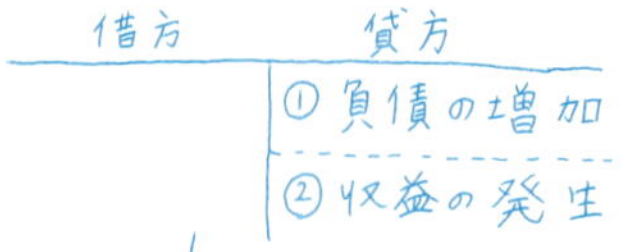

真冬　「証言してよろしいですか？」

惣次郎　「原告側弁護人、被告側弁護人、いかがですか？」

両人　「異議ありません」

惣次郎　「ではいいでしょう。参考人として真冬君を召喚します」

真冬が前に進み出て美彩の隣に立つ。

真冬　「ありがとうございます。私、分かってしまいました。重ね合わさっているんです」

惣次郎　「重ね合わせとは？」

真冬　「借方と貸方には意味を重ね合わせて持たせているんです。意味深なものですね、仕訳って」

惣次郎　「証人は意見を明確に述べてください」

真冬　「貸方は負債の増加だというのは第一ルールで、実は第二ルールもあるんです。それが収益の発生です。貸方には負債の増加と収益の発生が重ね合わさっているのです」

（へえー、いいこと言うわ、真冬も）

森田　「仕訳には第一ルールと第二ルールがあると？」

真冬　「美彩さんが先ほどおっしゃったように、仕訳は書く欄が二つしかありませんから、意味を複数持たせなければならないのです」

森田「なるほど。ではその第一ルール、第二ルールとやらを使ってこの取引は仕訳できますかな——従業員に給料一〇〇円を現金で支払った——どうです?」

美彩「給料を支払えば資産が減少します。なので第一ルールから貸方に書きます」

真冬「あっ、いいですか? ついでに言うと第一ルールとか第二ルールには反対ルールも含まれているのです」

惣次郎「反対ルールとは?」

真冬「資産の増加は借方ですけど、その反対の減少は貸方ということです」

惣次郎「なるほど分かりました。続きをどうぞ、美彩証人」

美彩「給料の支払いは《費用》という分類です」

純一「費用というのは、従業員の給料のように事業を運営していくうえでのコストですね」

美彩「はい。営業活動をしたので財産が減ってしまったとか、そんなような意味です。資産の減少を貸方に書いたので、残りの欄は借方しかありませんから、費用がかかったら借方に書きます」

真冬「ハイ!」

真冬が控えめに手を挙げる。

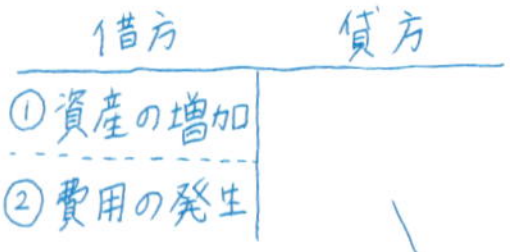

真冬「費用の発生は借方というのが、借方の第二ルールなのです」

森田「ではここで仕訳の第一ルール、第二ルールとやらを、矛盾なく、完璧に提示することはできますか」

美彩「第一ルールとか第二ルールというのは真冬さんの独創で、重ね合わせとかも初めて聞くので……真冬さんに整理してもらったほうがいいかと……」

真冬「ありがとう、美彩さん」

真冬がにこっと美彩に笑いかける。

真冬「謎解きが大好きなので、私が勝手に重ね合わせなどと名前をつけてしまいました。お許しください。では私が解いた仕訳という暗号の秘密をご披露いたします」

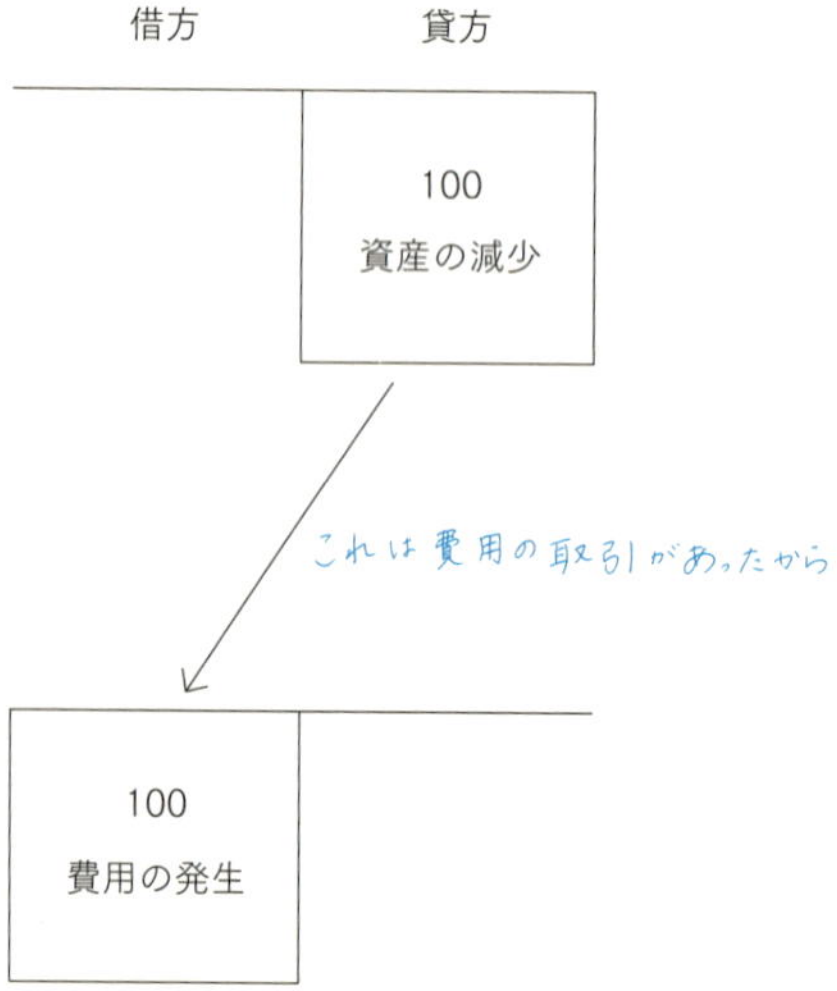

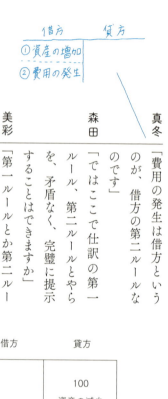

純一「真冬君」

純一は小さな声で真冬に声をかける。

純一「変な言い方しなくていいよ」

真冬「でも、このほうが気分よく話せますし……」

惣次郎「まあよろしいではないか。お好きにやりなさい」

真冬「ありがとうございます。では……仕訳の暗号を解くカギはたった二つしか欄がないことです。それに対して記録しなければならない事柄《ことがら》は今見てきたように四つあります。資産、負債、費用、収益です。二つの欄で四つを記録する。そこでこの暗号を考えだした人物は重ね合わせを利用しました。借方と貸方に二つの意味を持たせたのです」

（ふーん、なかなか面白そうじゃん）

真冬「つまり、借方の第一ルールは資産の増加です。しかしそこに

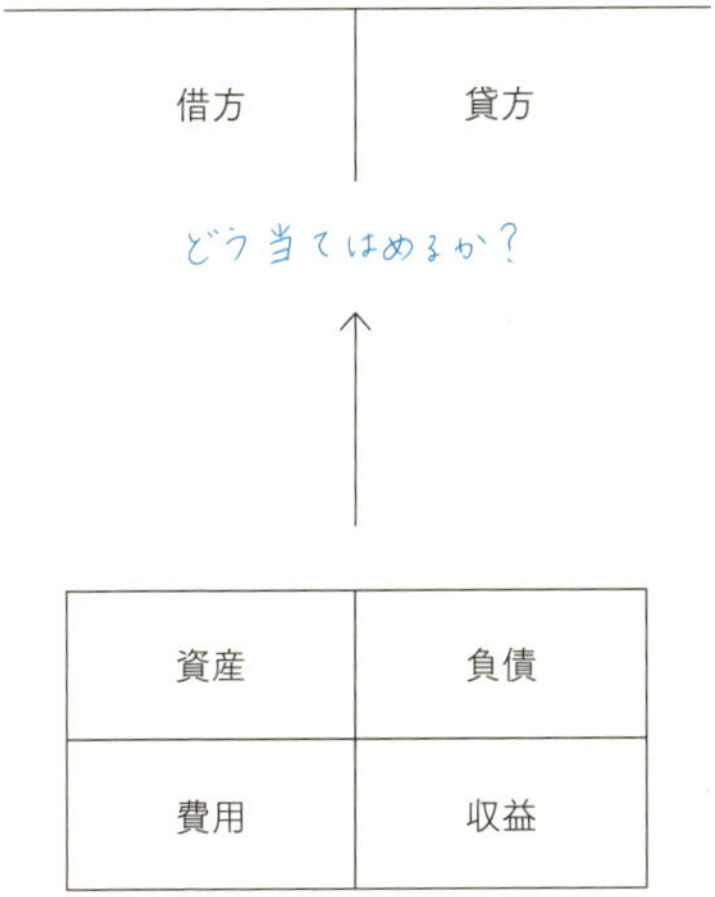

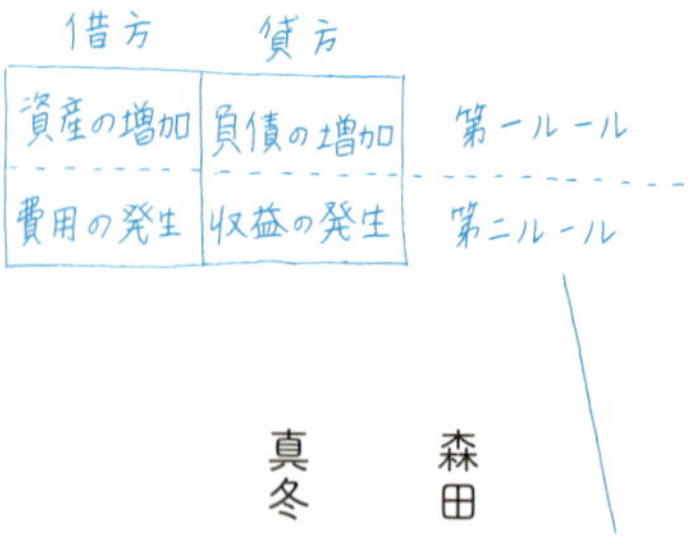

は第二ルールが隠されていて、費用の発生も借方に書くことになっていたのです」

森田　「では貸方は第一ルールでは負債の増加だが、第二ルールである収益の発生が隠されていたと」

真冬　「その通りです。そこが我々をこれほど悩ましたこの恐ろしい暗号の秘密だったのです……分かってしまえば単純なんですけど……あっ、先ほど申し上げたように反対ルールもこのルールには含まれています。資産の増加は借方ですけど、減少は反対の貸方だというルールです」

美彩　「真冬さん、ありがとう。きっちりまとまってますね」

真冬　「ありがとうございます。美彩さんに褒《ほ》められると嬉しいです……ついでに着衣のマハと裸のマハ風に言うと、借方の着衣のマハには財産が増えた喜びと事業の営みのつらさ、貸方の裸のマハには財産が減った悲しみと商品が売れた未来への希望という、喜びとつらさ、そして悲しみと希望が重ね合わさっているのです」

（絵が目に浮かぶから不思議……）

純一　「補足させていただくと、美彩証人は資産が増えたのは収益が発生したから、という言い方をされていましたが、収益が発生したから資産が増加した、と

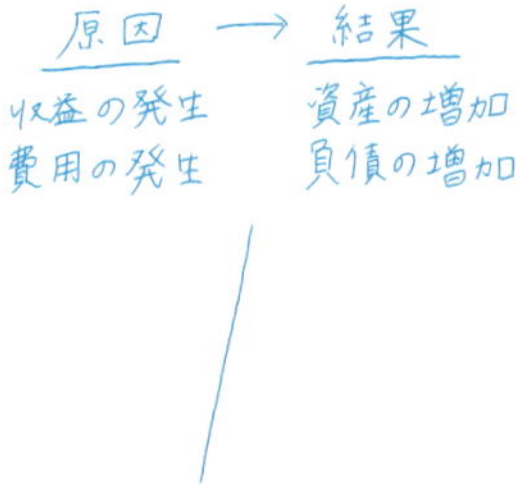

も考えられます。費用についても、費用が発生したから負債が増えた、そう考えることもできるでしょう。これは原因と結果の関係だと考えられます」

森田が突然拍手する。

森田「素晴らしい。もう模擬裁判はよろしいでしょう。私もだいぶ腑《ふ》に落ちました。これで美彩君が平野屋の帳簿を複式に変えることができれば、裁判はきっとうまくいくでしょう」

皆がやれやれという感じでテーブルの飲み物を取る。

純一「最後に少しは活躍できた

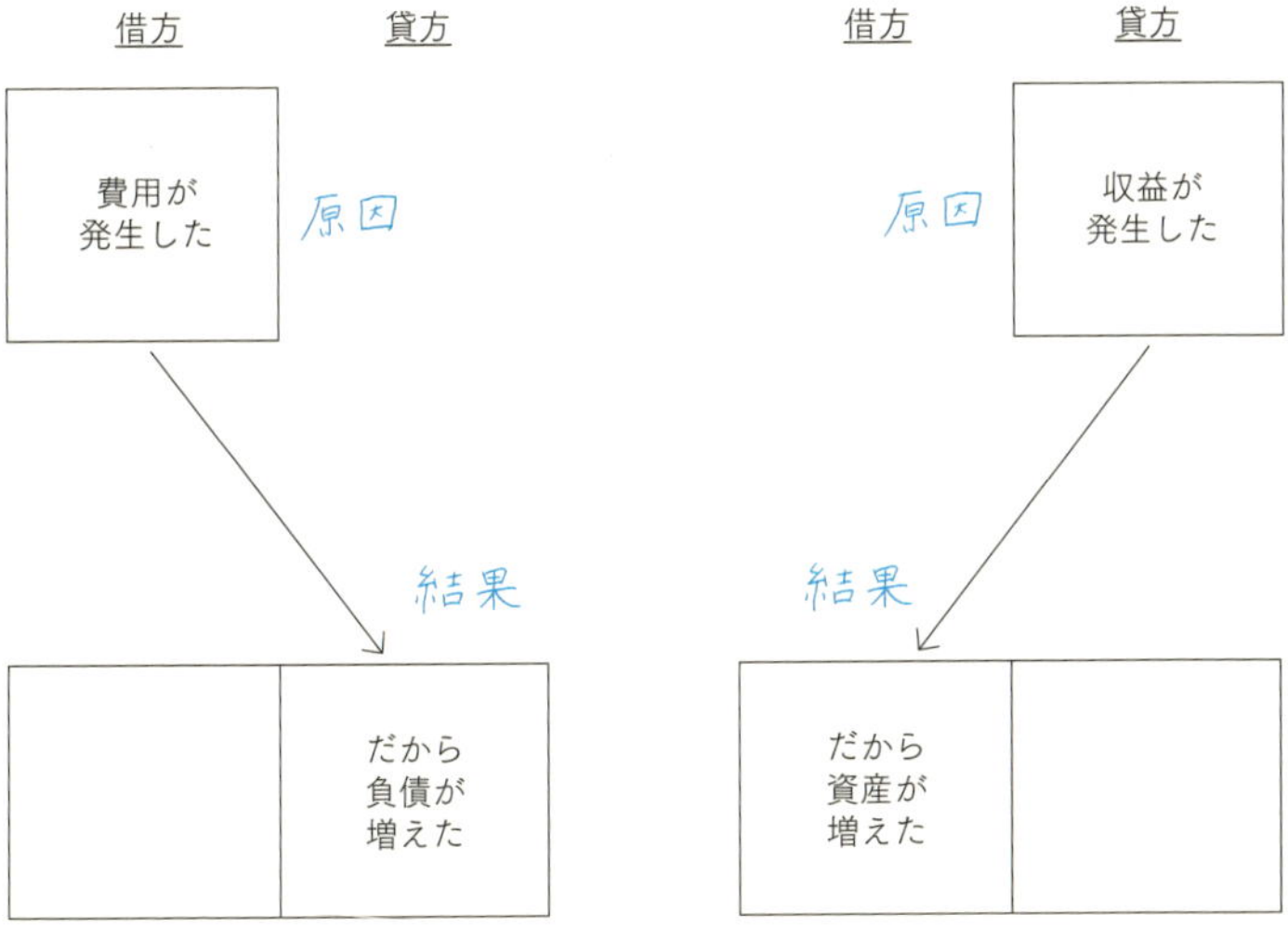

かな……」

舞衣　「凛々《りり》しかったですわ、純一様」

順啓　「複式にはまだ何か……」

一番奥にいた順啓が一人呟《つぶや》く。

順啓　「まだ何か奥に潜むモノがある気がするが……」

森田　「では勝利を祈ってまた乾杯しようではありませんか」

一同シャンパンを手に取り乾杯する。美彩も一気に飲み干す。

順啓　「豪快だね、複式少女は」

美彩　「のどが渇いてしまったので」

順啓　「だがお酒を飲んでいる女性に少女はないな。やはり複式の女神か」

美彩　「少女でお願いします」

（だんだん私が思ったことが間髪入れず口に出るようになってきた……）

惣次郎　「美彩君、ちょっといいかの」

惣次郎が美彩を手招きする。

惣次郎　「ご苦労だったの。疲れただろう」

美彩　「ありがとうございます。でも大丈夫です。美味しいお酒を飲んだので気分がいいぐらいです」

美彩は大きな瞳に笑みをたたえて惣次郎を見る。

惣次郎「お願いがあるんだが聞いてくれるか。貴己が少し気になってての。君が着ているドレスは貴子という貴己の姉のものなんだが、それで気分を害しているようだ。すまんが貴己と少し話してやってくれんか」

美彩「かまいませんけど、どうすれば？」

惣次郎「貴己の部屋へ案内しよう」

美彩と惣次郎が部屋を出て行こうとする。

舞衣「重ね合わせなんて、真冬さんは面白い言い方を考えましたわね」

真冬「そういえば、美彩さんも誰かと重ね合わさっているような気が……」

幕間

貴己の部屋　触れ合う手と手

貴己は自分の部屋のソファーに座っている。誰かが貴己の部屋をノックする。

貴己　「どうぞ。カギは空いてます」
美彩がドアを開ける。

美彩　「今よろしいですか?」

貴己　「何でしょう」
美彩は中に入りドアを閉める。

美彩　「ええと……」

貴己　「父から言われて来たんでしょう」

美彩　「分かってしまいましたか……」
美彩はばつが悪そうに大きな笑顔で笑う。

美彩　「みなさん心配していましたよ。すぐ出て行ってしまわれたので」

貴己　「あなたのせいではないのに、先ほどは失礼しました。お詫び申し上げます」
貴己は立って丁寧にお辞儀する。

美彩　「とんでもないです」

美彩は大きく手を左右に振る。
貴己は美彩の姿を見つめる。

美彩「……」

貴己「これは失礼。レディーを立たせたりしてすみません。どうぞおかけください」
貴己はソファーの向かい側に置かれている椅子に座り美彩に向き合う。

美彩「このドレス、お借りしてしまってすみません」

貴己「いえ、僕に謝る必要などありません」
二人黙ってしまう。

美彩「貴己様は、焼酎お好きですか？」
沈黙に耐えられず、美彩が唐突に口を開く。

貴己「焼酎？」

美彩「私大分出身なんですけど、実家が焼酎の造り酒屋をやっていて、焼酎お好きかなって思って……突然すぎましたか」

貴己「焼酎は口にしたことないですね」

美彩「貴族の方って、焼酎などは口にされないのでしょうか」

貴己「そういうわけでは……美彩さんはお好きなんですか？」

美彩「私はお酒はほとんど焼酎です。大分はもともと日本酒の製造が盛んだった

現実の世界では技術が進んで麹を含めて麦100%の焼酎がある。「大分麦焼酎」を名乗るには麦100%でなければならない！

んですけど、その酒粕《さけかす》を使って焼酎の製造が行なわれるようになったみたいで、うちの家も代々焼酎を作っています。家族だけでやっている小さな造り酒屋ですけど。貴己様は焼酎の原料にはお米の他、麦や芋があるの、ご存じでした？」

貴己　「それは知らなかった」

美彩　「焼酎を作る麹《こうじ》はほとんど米麹が使われているんですけど、その米麹を使って麦や芋を発酵させることができるんです。大分では麦焼酎が多くて鹿児島では芋焼酎が多いんですよ。今はまだ技術的に難しいみたいですけど、将来は麹にも麦を使った１００％麦焼酎を作ってみたいなあって思ってます」

（……なんか〈この世界の美彩〉が勝手に喋ってる……）

貴己　「美彩さんは、焼酎を愛しているんですね」

美彩　「小さいときから焼酎を作っている父や母の姿を見てきましたから。三歳上の兄がいるんですけど、兄が父を手伝っているのにくっついてよく酒蔵で遊んでいました。私が歌を歌いたくて、わがままを言って東京の音楽女学校に入れてもらったときも、当初反対していた両親を兄が説得してくれたんです」

貴己　「お兄さんが……」

美彩　「貴己様のお姉様はどういう方ですか」

貴己「姉は……優しい人です。あなたのように綺麗ではないけど……僕にはまるで母のようで……」
美彩「このドレス、私にピッタリですけど、背丈が私と同じぐらいでいらっしゃるんですね」
貴己「あなたが着るとドレスが華やかに見えます。ビロードの赤が目に焼き付くようだ。着る人によってこんなにも違うとは……そうだ、何か飲み物をお持ちしなくては。何を飲まれます？」
美彩「いえもう結構です。先ほどシャンパンの乾杯を何度もしたので、もうふらふら」
美彩は体をわざと大きく左右に揺らして笑う。
貴己「美彩さんは複式とかいう帳簿の方法を考え出されたそうですね。そんなにお綺麗なうえに、帳簿の新方式を考えつくなんてすごいですね」
美彩（私の世界では複式簿記は当たり前の方法だから、そこまで言われると何か悪い気がしちゃう……）
「私が考え出したわけではないんですけど……」
貴己「でも先ほどそんな方法は森田教授でさえ知らないと言っていましたよ」
美彩「どういうわけか、頭の中で声が教えてくれて……」

貴己　「声？」

美彩　「お気になさらないでください」

貴己　「その複式というのはどういう方法なんですか。実は僕も森田教授のもとで株式会社法案の作成を手伝っていまして、会計帳簿をどの形式にすべきかの調査をしているんです」

美彩　「その、株式会社って、何ですの」

貴己　「新しい事業体のあり方です。イギリスのリミテッドパートナーシップ契約に似た制度ですが、契約ではなくて会社という法人格にする法律です」

美彩　「法人格？」

貴己　「法律によって特別に人格を認めた存在というか、会社という組織それ自体が活動主体になれる存在です。森田教授は株式会社という新しい事業体を、継続して事業を行なうことを前提としたものとして設計しています。しかも事業の元手《もとで》となる資本金が集まりやすいように工夫して制度設計しているんです。昔から貴族が商人に出資をして事業を任せることはありましたけど、多くが一年とかあらかじめ定められた期間や一航海といった、一つの行為が終了すると清算してしまうことが前提となったものでした。しかも投資をするのは商人と強い信頼関係がある場合に限られています。僕たちが考えている新しい株式会社という制度は、事業主との信頼などに関係なく、多額の資金を不特定多数の資本家から集めようとしている点に特色があります」

貴己　（言葉が難しすぎてよく理解できないけど、貴己さんはこの法案に情熱を傾けているんだろうなあ）

美彩　「これは失礼。つい調子に乗ってしまいました。こんな話ご婦人にはつまらないですよね」

貴己　「いいえ、すごく面白いです。続きをお聞きしたいです」

美彩　（えっ？　今の話理解できたの？〈この世界の美彩〉は……）

貴己　「ありがとう。でも今日はこれくらいにしておきましょう。もう時間も遅い。みなさん、そろそろお帰りになる頃でしょう」

美彩　「もうそんな時間……もっとお姉様のお話も伺いたかった……」

貴己　「では最後に複式を僕に教えていただけませんか」

美彩　「もちろんです……そうですね。ではお立ちになって」

二人は立って向き合う。

美彩　「両手の手のひらを開いてゆったりしていただけます？」

貴己が言われた通りの動きをする。

美彩　「複式では左手のことを借方、右手のことを貸方といいます」

美彩が左手と右手を前に出して貴己に見せる。

美彩　「貴己様は財産を記録する担当としましょう。では、例えば焼酎一本を一〇〇〇円で売って代金は現金でもらったとします。現金というプラスの財産——これを資産といいますけど——資産が増えたので貴己様の左手に記録します。左手を前にお出しになって」

貴己が左手を美彩の前に差し出す。

美彩　「私は財産の増減の原因である費用と収益を記録する担当です。焼酎を販売したということは財産を増やす収益が発生しています。収益の発生は私の右手に記録します」

美彩は自分の右手を前に出し、貴己の左手の上に重ねる。貴己は一瞬体をこわばらせる。

美彩　「私の右手は収益の発生、貴己様の左手は資産の増加」

（この子、自分で考えて説明している……複式をマスターしたんだ……）

美彩　「次に給料を従業員に現金で支払ったとします。現金という資産が減少するので貴己様の右手で記録します。右手をお出しになって」

貴己が右手を美彩の前に差し出す。

美彩　「この資産の減少は給料という費用の発生によってもたらされたものなので、

美彩

私の左手で記録します」

美彩が左手を出して貴己の右手の上に重ねる。二人は両手を握って向かい合っている格好になり、見つめ合う。

「いかが？　これが複式簿記です」

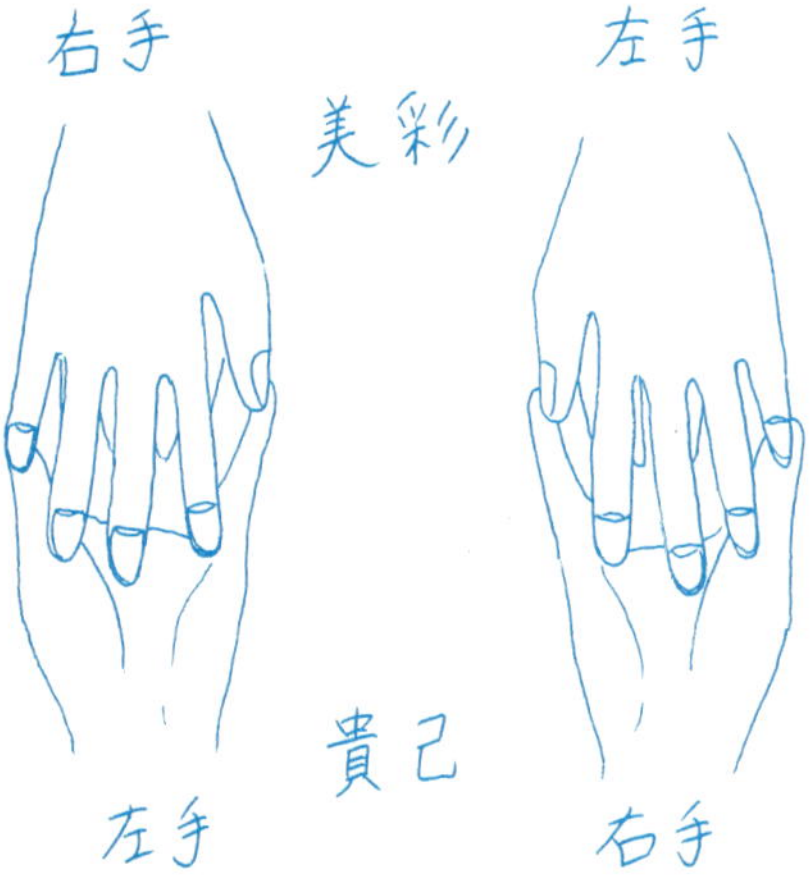

現代企業会計登場編

第5幕

その一

平野屋開化堂店内

―売上原価と期間損益計算―

ナレーション

パラレルワールドのこの日本は、近年の輸入産業の発達で贅沢品が大量に入ってくるようになり、このことが貴族や大商人といった資本家たちの消費意欲を急激に高まらせた。それは長い間停滞していた経済によって抑圧されていた分、爆発的とも言える剥《む》き出《だ》しの欲望であった。ことに女性への貢ぎ物としての贅沢品需要はパラレルワールドの日本経済を一変させたとも言える。

貪欲に贅沢品を購《あがな》うためにより多くの金が必要となり、その欲望の焔《ほむら》が収益性の高い新しい投資先に向かって突進する、そういう時代の幕開けであった。

平野屋の事件も、そんな欲にまみれた人間による事件のほんの一つでしかなかった。

平野屋は美彩が作成した複式帳簿を証拠として裁判所に提出した。森田教授は原告側の鑑定人としてこの帳簿の合理性を証言し、また平野屋が行なっていた日々の現金残高の調査（現金実査）と帳簿残高が一致していることもあり、平野屋が井上子爵に貸し付けているのは明らかであるとして、裁判所は平野屋の訴えを聞き届けた。井上子爵は即刻控訴したが、このときから井上子爵と複式簿記は敵対することとなる。

開化堂で皆が高級フランスワインを開けてお祝いをしている。

森田「まさに完勝でしたね」

田所「誠にありがとうございました。主人の平野は体調不良で本日は来られませんが、いくら感謝してもしきれないとことづかっております」

森田「まだ控訴審が残っておりますから気を完全に緩めることはできませんが、我々の知らない複式の欠点でもない限りもう大丈夫でしょう」

（複式の欠点……てあるのかな？）

舞衣「これで大蔵卿も少しは懲りたでしょう。借りたものを返さないばかりか、逆に貸していたことにしようなどとは横暴すぎます」

真冬「美彩さんの複式がなかったら大変でしたね。きっと私も今は無職でした」

純一「あれ？　真冬君、今日はドレス姿なんだね」

真冬「えっ、今気づかれたんですか？　ひどいです」

純一「すごく似合っているよ……真冬君も複式帳簿の作成を手伝っていたと聞きました。ご苦労でしたね」

真冬「このドレスは平野屋様からお礼でいただいたものです。美彩さんのドレスのほうが数倍高そうでしたけど」

純白のデコルテドレスを着た美彩が惣次郎に連れられ入ってくる。

順啓「今日はまた一段とお美しい……まるで天使のようだ」
森田「確かに……」
森田が何度も頷《うなず》く。
田所「平野屋からお贈りしたお礼のドレスです」
美彩「ありがとうございます。こんな高価なものを」
真冬「美彩さんはあんなにお綺麗で、それでいて複式も生みだすなんてうらやましい」
純一「複式といえば、以前頭の中で声がするとか言っていましたけど、今もそうなんですか?」
美彩「あまり聞こえなくなりました……」
（最近、自分で意識しなくても私の考え通りに動くようになった……というか、〈この世界の美彩〉の考えと私の考えがだんだん融合してきている気がするなあ……）
美彩「その通りです」
純一「その通りって?」
美彩「いえ、こちらの問題ですのでお気になさらず」
舞衣「天の声が聞こえて複式を生みだした、そんなストーリーでマスコミに流せば喜ばれるのじゃないかしら」

（私は天の声……それも悪くないか……）

貴己がワイングラスをテーブルから二つ取って美彩に一つを渡す。

貴己「今日の君はまるで複式女神だね」

美彩「複式少女のほうが嬉しいかな」

貴己「これは失礼」

順啓「みなさん！」

順啓が大きな声で皆に呼びかける。

順啓「平野屋事件の勝利と複式少女の前途を祝して乾杯しようではないですか」

一同乾杯。

美彩「ありがとうございます」

順啓「今回の事件で複式が世間でかなり話題となった。僕はこれを機に日本の全ての帳簿を複式に変えていきたいとさえ思っています。いかがでしょう？森田教授」

森田「大賛成です。この複式は私が法案を作成している株式会社と非常に親和性が高いと考えております。むしろ複式は株式会社のための会計とさえいえるでしょう」

惣次郎「森田教授は複式に惚れ込んでおられますな」

森田「この複式にはいくつかの優れた点がありますが、中でも一番感心させられるのはそのシンプルさ、見やすさであることは、みなさん賛同していただけるでしょう。借方と貸方というたった二つの欄で取引の原因と結果を破綻なく記録している。これはなにより素晴らしい」

真冬「重ね合わせ……がポイントなのです」

森田「その通りだね。私はこの財産の増減という結果とその原因である費用収益の発生が同時に起きることを《取引の二面性》と呼ぶことにしました。この二面性がある取引を一つの仕訳に記録するために、複式は美しいとさえいえる方法を用いた。勘定科目を財産の分類である資産負債と、それらを増減させる原因の分類である費用収益に分けて借方貸方という左右の欄に記入させることがそれです」

順啓「森田教授、複式は日本を変えることさえできると僕は思っていますが、教授のお考えはいかがですか？」

森田「私もその可能性はあると考えます。株式会社と両輪となることができれば十分あり得るでしょう」

舞衣「日本を変えるとは、また大げさですのね」

森田「いや、その可能性は高いといえるでしょう。平野屋事件を例に取るまでもなく、今までの帳簿は他人ではその内容を読み解くことさえ苦労する。それが美彩君の複式では誰が見てもすぐにその正確性が分かる。これは画期的です」

貴己「単に記入欄を借方と貸方という左右に区分しただけなのに、今までとは見違えるほど分かりやすいですね」

森田「左右に分ける、というのは分類するということです。勘定科目も四つに分類しています。乱雑で複雑な情報は、まず分類し、そして集計する。そうやって管理することが重要なんです」

順啓「僕もなにより複式の見やすさが日本を変えると思う。これを会計の『見える化』といいたいですね」

純一「それはいいネーミングですね。父上にしてはナイスです。みなさんで会計の見える化を推《お》し進めましょう」

舞衣「でももう世間の関心は平野屋よりも柏屋砂糖詐欺事件に移ってしまってありますわ」

真冬「本当に世間は移り気です」

美彩「砂糖詐欺?」

順啓　「複式少女はまだご存じないのか。実は僕も今初めて告白するが、ここにはいくらか投資して少々損を被《こうむ》っている」

惣次郎　「順啓殿も投資されていたとは。この事件の被害はかなり広範囲に及んでそうですなあ」

きょとんとしている美彩に惣次郎が説明をしようと顔を向ける。

惣次郎　「砂糖の輸入を扱っている柏屋という商店があっての。あれはもう三年前になるか、ここが非常に質のいいしかも安い砂糖の輸入元を見つけたのでうちに投資をしないかと、大勢に勧誘した。投資の見返りとして利益を折半するというのでたいそうな金を集めたらしい」

順啓　「契約期間が二年の投資だが、柏屋の計画では投資額が倍になる計算でしたからね。ところが結局赤字となって出資額の半分も戻ってこなかった。そのときも騒ぎになりましたが、投資だから失敗することもある、投資した人間が馬鹿だと世間は意外と冷たくて、しばらくすると沈静化した。ところが先月になって店の番頭があの砂糖投資の損失は嘘だったとお上《かみ》に訴え出たんだ」

惣次郎　「その後の調査で実際にはかなり大きな利益が出ていたことが判明しての。帳簿上は損が出ていることにして投資家への返還額を減らし、余ったお金を店主と番頭で分けるはずだったのを、いくら待っても店主が払ってくれなかったので、怒った番頭が店主を訴えたという、まあよくある仲間割れだの」

純一「もともと貴族や商人ばかりでなく役人や教師なども大勢出資していたみたいで、今度は世間も大騒ぎです。悪者が見つかると、世間というのはここぞとばかりに攻撃してきますからね。本当に世間というのは怖いと僕は思います……でも父上まで出資をしていたとは知りませんでした」

順啓「さほどの額ではないので心配することはない」

惣次郎「いくら出されたのですかの」

順啓「まあたかが五〇〇〇万円ほどです」

森田（たかが……私もそう言ってみたい……）

「私もその事件には関心を持っておりました。株式会社は多くの人から資本を集める、というのがコンセプトの制度ですから、このような投資に絡《から》む事件があると実に不愉快です」

舞衣「それで、いったいどういう手口で損を出していたんですの？」

惣次郎「それがいたって単純で、契約が終わったときにかなりの在庫が残っていたのをゼロだとして報告していたらしいのです。店主たちはそれも後で売って大儲けしたという話です」

順啓「帳簿自体は担当者がまじめに付けていたそうだが、この事件もやはり帳簿

売上原価 = 販売した商品の原価

が複式ではなかったことが発覚が遅れた原因かもしれません。店主と番頭だけが在庫のカラクリを知っていた」

真冬　「カラクリ……そのお言葉で俄然《がぜん》興味が湧《わ》いてきました」

貴己　「複式で記録されていたら、どうなっていたんだろう？　複式少女ならすぐ分かるよね」

美彩　「そうですね……」

（えーと、この場合は……）

真冬　「わたくしがカラクリの謎を解いてみせます」

（ちょっと待って、複式少女は私なんだから負けられないわよ！）

美彩　「ここは私に任せて！　これは《売上原価《うりあげげんか》》の計算の問題よね」

真冬　「それって、第三のルールか何かですか？」

美彩　「売上原価は勘定科目の分類じゃないの。販売した商品の原価のことよ」

舞衣が純一の耳元に顔を近づけて囁く。

舞衣　「最近美彩さん、話し方が変わりましたわね……」

純一　「それは僕も感じていました。ときどきだけど、急に口調が、なんというか、やんちゃな感じになる……」

美彩　「在庫をゼロとして報告していたということは、仕入れた砂糖が全部売れた

売上原価は売上に対するコストだから
商品の仕入価額は費用。でも売れる前の
商品は費用じゃないから資産にする。
これを《費用性資産》という。

ということよね。この場合売上原価の計算は単純明快！　仕入全額が売上原価」

貴己　「ちょっと待ってくれ。もともと砂糖を仕入れたときは費用なのかな？　売上の原価となるから費用のようでもあるし、商品だから資産のような気もするけど」

美彩　「ナイス突っ込み！」

貴己　「あっ、ありがとう」

美彩　「売上の原価は収益に対するコスト、つまり費用ですよね。だから砂糖のような《商品》の購入価額《かがく》は本来は費用です。でも費用となるのは売れたときでしょ？　売れる前は費用じゃない」

貴己　「では売れる前はどうすればいいの？」

美彩　「売れていない商品――これを《棚卸《たなおろし》資産《しさん》》といいます――棚卸資産は資産よ。将来売ることができるものだからプラスの財産である資産」

真冬　「考え方が難しいです。商品は売れてしまうと費用で、売れる前は資産……結局、仕入れたときはどうすればいいのでしょうか？」

美彩　「仕入れたときは費用として処理するの」

貴己　「仕入れたときに全額費用とする……そうか、残っている商品があったらその分の原価を引いて売れた分の原価だけ費用として計算すればいいのか」

美彩「ピンポーン！」

舞衣「ピンポーン？　……やっぱり話し方がおかしいですわ」

舞衣が純一に耳打ちする。

純一「初めて聞く言葉ですね。英語でしょうか……」

真冬「費用だったり資産だったり、なんだか難しいです。これが第三のルールですか？」

美彩「呼び方は何でもいいけど……とりあえず売れ残っている商品はプラスの財産だというのは分かるよね」

真冬「将来売ることができますから資産だというのは分かります」

美彩「だから売れ残っている商品は資産、つまり棚卸資産にしなきゃな、っていうのも分かるでしょ？」

真冬「はい、それぐらいは」

美彩「この考え方を確か《三分法《さんぶんぽう》》とかいうの」

真冬「三分法……また新しいルール……」

美彩「仕入れたときは費用として仕訳して、後で残っている在庫分の原価を引く。そうすれば売った商品の原価、つまり売上原価が計算できるという仕組みで

売掛金 400,000,000 / 売上 400,000,000
仕入 500,000,000 / 買掛金 500,000,000

す」

舞衣「具体的に言っていただけないと分かりづらいですわ……」

順啓「確かに具体例があったほうが分かりやすいでしょうね。では、こういう例で説明してくれないか——契約スタート時の在庫はゼロ、仕入は全て掛で五億円、売上も全て掛で四億円、契約終了時の在庫三億円——これが正しい数値だとして、本来の仕訳と在庫がゼロの場合の仕訳と、どう違ってくる?」

美彩「売上の仕訳は、借方が売掛金四億円、貸方が売上四億円ですよね。仕入は費用として仕訳するので借方に《仕入》という勘定科目で五億円です。掛で商品を仕入れたときは《買掛金《かいかけきん》》という勘定科目を使います。後で支払わなければならないので負債です」

真冬「費用は借方、負債の増加は貸方!」

美彩「その通り。これはどちらのケースでも同じ。問題なのは在庫の処理ですけど、三分法では《繰越商品《くりこししょうひん》》という資産の勘定科目で仕訳します。在庫三億円だけ仕入から引く仕訳を……」

真冬「引く? なぜ引くんです?」

美彩「じゃあ、逆に聞くけど、五億円仕入れた売れ残りが三億円なら売れた商品の原価はいくら?」

真冬「五億円から三億円引いて二億円」

美彩「その通り。それを仕訳でも同じようにするの」

貴己「同じように仕訳する……仕訳というのは取引の記録だったはずだけど、それは少し異質な気がする……」

（さすが、貴己様）

美彩「これは取引ではなく、整理するための仕訳です」

貴己「整理……とは？」

美彩「仕入れた商品を全額、仕入という費用の勘定科目で仕訳しているので、費用が仕入金額の五億円となっていて、このままでは売上原価の金額と違うじゃないですか。在庫分だけ費用の金額が大きくなってますよね。だから仕訳を整理して費用を正しい金額にするんです。これって確か……《決算整理《けっさんせいり》仕訳《しわけ》》とかいいました」

森田「整理……」

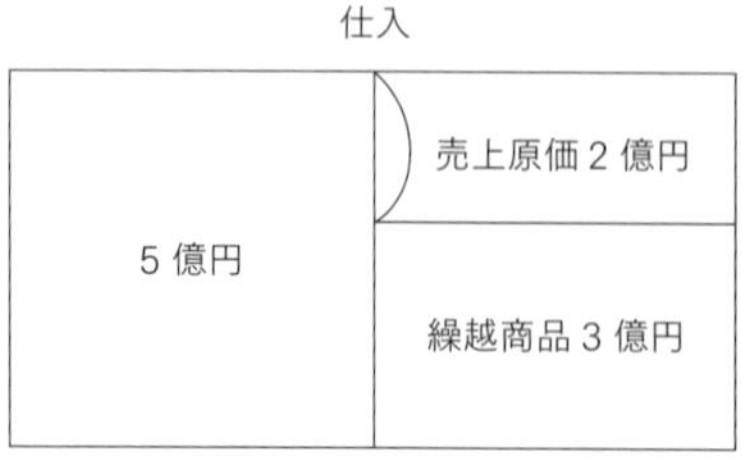

繰越商品 300,000,000 ／ 仕入 300,000,000

森田が一人呟く。

美彩「仕訳は費用を減らすために貸方に仕入三億円、借方は商品という資産が増えているので繰越商品三億円」

貴己「この決算整理仕訳で仕入から三億円引かれるから、差し引き二億円になるわけだ」

美彩「その二億円が売上原価よ」

順啓「売上原価が二億円だということは、売上は四億だから利益が二億円ということになるね」

美彩「これが正しい処理ですね。でも柏屋は在庫をゼロとして報告していたので、売上原価は仕入れた全額の五億円となっているというわけ」

真冬「売上原価が五億円で売上が四億円だから一億円の損失としていたんですね」

舞衣「ずいぶん単純なカラクリでごまかされましたのね。順啓様も」

順啓「いじめないでくださいよ、舞衣様」

真冬「もし最初に砂糖の在庫があったとしたらどうなりますの？　例えば一億円の在庫があったら？」

美彩「その場合は仕入に足すの」

真冬「なぜ足すんですの？」

仕入 100,000,000 / 繰越商品 100,000,000
繰越商品 300,000,000 / 仕入 300,000,000

美彩　「最初に一億円分の砂糖があって五億円分追加で買いました。さて、売れる商品はどれだけある？」

真冬　「ああ、そうですね。最初の一億円と五億円を足して六億円」

美彩　「最初の在庫一億円は繰越商品で記録されているから、決算整理で繰越商品一億円を仕入に足す仕訳を先ほどの仕訳の前に書く必要があるの。この場合の売上原価は、一億円足す五億円引く三億円で、三億円ね。こういうふうに決算整理で費用が正しい金額となるよう整理しているというわけ」

（この仕訳は難しいからなかなか理解できないと思うけどなあ。学校でも〈シイレ・クリショウ・クリショウ・シイレ〉と暗記しなさい、と教わってたし…）

森田が一人で下を向きながら何か呟いている。

森田　「決算の整理仕訳で費用を正しく……複式には期間の概念が入っているのか……」

仕入

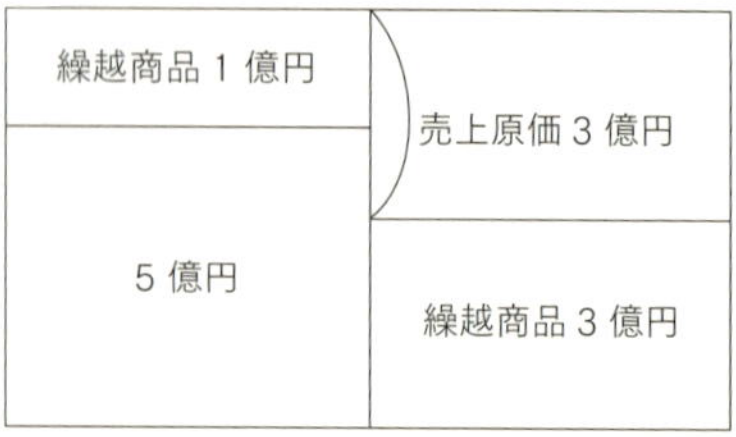

第5幕

その二

同平野屋開化堂店内

―期間損益計算と資本金―

森田「やはり、複式は株式会社にぴったりの会計だ。いや、まるで株式会社のためにあるような会計だ……」

森田が何かに納得したように大きく頷いている。

舞衣「どうなさいましたの、森田教授」

森田「いや、複式には期間という概念がすでにあることに驚きまして」

舞衣「はあ……」

貴己「決算整理仕訳ですね。僕もこれには驚きました。こういう発想が最初から備わっているなんて……」

貴己が美彩を見て尋ねる。

貴己「君はどうやってこれを考え出したんだい？」

美彩「考え出したというか……」

舞衣「先ほど天の声が教えてくれたことにしましょうと申しましたわよ」

順啓「まあ、誰が考えたかということはさほど重要ではないでしょう。美彩君が発明した、と皆が言えば、現実もそうなるものですよ」

真冬「現実って、そういうものですよね」

真冬も頷きながらそう答える。

舞衣「期間がそんなに重要なことですの？」

貴己「その質問にお答えするには、株式会社とは何なのか、なぜ今、株式会社が必要なのか、ということからお話ししなければなりません」

舞衣「それ、難しいお話ですの?」

森田 舞衣が不安そうな顔をする。

「では私からお話ししましょう。舞衣様もご存じのことと思いますが、日本の産業は今、工業化に直面しております。イギリスは産業革命によりいち早く工場制機械工業に到達しました。それは大規模資本によって広大な工場と高額な機械を購入し、製品を大量生産するということです。これに対して日本はいまだに小規模な工場制手工業にとどまっております。これでは日本は諸外国に後れを取ってしまう。株式会社はその状況を打破するための組織制度です」

貴己「森田教授のお考えになっている株式会社の最大の特徴は、大勢の資本家から大量の資本を集めるための《所有と経営の分離》です。簡単に言えば商売は商人に任せて経営させ、実質的な会社の所有者である資本家は投資をするだけ、というものです」

森田「工場制機械工業を実現するには、従来とは次元の異なる多額の資金が必要となります。これを集めるには大勢の資本家たちに出資を求めるのが一番ですが、そのためには今までのように特定の商人と貴族との個人的な信頼関係で成り立っていた出資ではなく、事業の魅力だけで出資できる環境を整えなければならないのです」

美彩は話に聞き入っている風だが、ときどき頭が小さくこっくりと動く。

森田（まるで歴史の授業を受けているみたい……）

森田「株式会社と柏屋砂糖事件のような従来の投資契約との最大の違いは、株式会社の出資には返済期限がないということです。株式会社に出資するということは、その会社の事業に参加するということですから」

森田（すうっと眠くなってくる……瞼が重い……）

森田「株式会社の出資者のことを特に《株主《かぶぬし》》と呼びますが、株主は出資をするだけで経営は《取締役《とりしまりやく》》と呼ばれる経営者に任せてしまうのが、貴己君が言及してくれた所有と経営の分離です。しかし、株主も事業資金を出しているという点でその会社に参加しているのです」

森田（ダメよ目を閉じては……頑張れ美彩！）

森田「その会社に参加しているということは、会社が潰れない限り出資は継続することが前提になっているということです」

貴己「そして、株式会社自体も一定期間で清算してしまうのではなく、永続して事業を営むことを前提としています。これを《継続企業《けいぞくきぎょう》の前提》と呼んでいます」

純一　「それで計算期間が必要となるというわけですね」

舞衣　「あら、純一様も株式会社のご研究に携わっていらっしゃるの？」

純一　「いいえ、僕は貴己君から聞きかじっているだけです」

森田　「株式会社は永続して事業が行なわれる。すると問題となるのが、出資者に対する利益の配分――これを《配当《はいとう》》といいますが――配当はいつ計算するのか、いつからいつまでの利益に対する配当なのか、ということです」

順啓　「我々資本家はその配当を受けるために出資するのですから、そこは重要ですね」

惣次郎　「それは一年に一度でいいのではないでしょうかな」

森田　「そう、一年に一度、というのが最も日本人の感覚に合っている。日本は四季がはっきりしていますから。そこで我々は《会計期間》という利益を計算するための一年間の期間を設けました」

惣次郎　「一月一日から十二月三十一日までということですかな」

貴己　「会計期間は会社が自由に選べることにするつもりです。例えば四月一日から――これを《期首《きしゅ》》といいます――翌年の三月三十一日まで――これは

舞衣　《期末《きまつ》》――というふうに」

貴己　「それでは会社ごとに会計期間がバラバラになってしまって、面倒ではありませんこと？」

森田　「会社を設立する日というのは、事業を始めようとするタイミングで違ってきます。ですから会計期間は暦と同じでなければならないと強制するのも、よくないだろうという考えです」

「ポイントは、継続企業の前提があるために、会計期間という利益を計算するための期間をわざわざ設けなければならないということです。株主への配当計算のために期間を設けて、利益を確定させなければならない。それに期間がなければこれから投資をしようと考えている投資家へタイムリーな情報提供もできません」

真冬　「無理矢理設けた、みたいな感じですね」

貴己　「そうなんです。継続企業ですから取引はずっと続いているのを、無理矢理期間を設けてその会計期間の利益を計算するようにしなければなりません。そこが柏屋砂糖事件のように期限がある投資とは大きく異なるところなんです」

森田　「会計期間を設けるのは利益の計算やタイムリーな情報提供のためですが、

仕入　100,000,000 / 繰越商品　100,000,000
繰越商品　300,000,000 / 仕入　300,000,000
(これは売上原価という費用を整理するための仕訳)

ではその利益はどう整理しその整理をどう記録すればいいのか、ここが僕たちの課題だった」

舞衣がきょとんとした顔をしている。

貴己　「期間を設けると先ほどの売上原価のように、この期間で売れた商品の原価はいくらなのか、などという整理が必要になってくるということです」

なるほどと舞衣が頷く。

森田　「そしてその整理を記録する方法が複式にはある、と美彩君が複式で示してくれた」

森田が手に持っていたワイングラスを美彩に向けて掲げたが、美彩は目をつぶったまま動かない。

(ダメだあ、瞼に接着剤がついている―、もう開かない)

舞衣　「あのお方、寝ていませんこと?」

舞衣が純一に耳打ちする。

純一　「寝ているわけではないと思いますが……」

森田　「複式はすでに期間の概念を持っている。売上原価の計算を仕入と繰越商品という勘定科目を使って見事に仕訳という形式で記録しております。まだ株式会社がこの世の中にないにもかかわらずです。これは驚き以外の何物でもない」

貴己「複式は、僕たちがずっと悩んでいた株式会社制度を完成させるための課題を解決してくれる光かもしれませんね」

順啓「複式少女はまさに我々の光というわけだ」

真冬「すごいです、美彩さん」

自分の名前を呼ばれて急に目を覚ます美彩。

美彩「ありがとうございます」

（あれ？　私寝てた？）

貴己「まだ大きな課題として、《資本金《しほんきん》》問題が残っていますが……」

森田「それも美彩君の複式で解決できると私は踏んでいる」

順啓「資本金というのは、我々資本家が出資したお金のことですかな？」

森田「株式会社で出資者のことを株主と呼ぶのは、会社の所有権を《株式《かぶしき》》という概念で表現するからですが、例えば一株一〇〇万円の株式を一〇〇株発行して一億円の資金、すなわち資本金が集まったとしましょう。まずこの一億円をどのように会計上記録すればいいのか、従来の日本の帳簿ではなかなかこれがうまく記録できなかった」

順啓「複式少女はこの資本金の会計処理についてもう分かっているのかな？」

急に振られて驚いたように美彩が目を大きく開ける。

美彩　「はい？　資本金ですか？　……えーと、分かると思います。所有と経営の分離は私も知っていますから」

（びっくりしたあ……つい知っていると言っちゃったけど、なんだったっけ？……でも所有と経営の分離っていう言葉、どこかで聞いた覚えがある……やっぱりなんとかいう先生が話していたような……）

森田　「なぜ君が所有と経営の分離を知っているんだ！」

森田が驚いたような顔をして美彩を見る。

美彩　「あっ、たぶん、貴己様から伺ったのかと……」

森田　「そうか……君は全知全能の神かと一瞬思ったよ」

一同笑う。

森田　「実は君の複式を見てから、僕も資本金の仕訳については一通り考えていたんだが、ここは本家本元の複式少女に教えていただこう」

（そう言われるとプレッシャーだなー……）

美彩　「資本金の仕訳はそんなに難しくないと思います。例えば大富豪である順啓様が一億円を惣次郎様の株式会社に出資したとすると、借方は現金一億円、貸方は資本金一億円とすればいいはずです」

舞衣「難しいお話を長い間なさった割には単純ですのね」

真冬「いいえ、この仕訳は謎です。だってこれでは資本金が貸方にありますから負債になってしまいます。第一ルールで貸方は負債の増加ですから。でも、資本金というのは株式会社にとって負債なのですか？　出資とおっしゃっていたので、単純な借入金とは違うのかなあと思っていましたけど」

森田「真冬君はときどき鋭いことを言うね」

真冬がにっこり笑う。

美彩「これも真冬さんのおっしゃる重ね合わせですよ。実は仕訳には第三のルールがあったわけです」

真冬「ようやく第三のルールの発現……」

美彩「貸方の資本金は《資本》という分類の勘定科目とするのがいいかなと思います」

借方	貸方	
資産の増加	負債の増加	第一ルール
費用の発生	収益の発生	第二ルール
資本の減少	資本の増加	第三ルール

※現在は「純資産」というけど
それは第12幕で

森田「やはりそうか。私も複式には第三ルールが必要だと考えていた。継続企業の前提がある以上、資本金は借入金と違って返済義務はない。だから資本金は負債とは全く性格が異なる」

舞衣「返さなくていいということはこの資本金一億円は会社のものということになりますの？　でも所有と経営の分離のお話で、会社の実質的な所有者は株主だとおっしゃっていたので、結局、資本金は株主のものということになると思いますけど……なんだか堂々巡り」

森田「舞衣様もなかなか鋭くていらっしゃる」

舞衣が笑顔でお辞儀をする。

森田「会社の実質的な所有者は出資をした株主であることになる。だが会社を経営していくための元手である資本金を株主に返す義務はない、返す必要はないが株主のモノだという特殊な性質の分類なので、他の勘定科目とは分けて別に記録しておく必要がある、ということです」

真冬「資本金は株主のものだということは、この現金一億円は使ってはいけなくて、どこかに取っておかなければならないものなのですか？」

美彩「今の話、聞いてなかったの？　真冬」

真冬「……？」

困惑の表情の真冬。

美彩「資本金は事業の元手になるものなのよ。そのお金が使えなかったら事業ができないじゃない」

真冬「そんな冷たく言わなくても……」

（普通に言っただけなんですけど……）

森田「真冬君のような勘違いをする人は結構多いようだから僕から再度説明しておこう。資本金というのは株主から事業のためにお金を出してもらったものだ。だから当然それを使って事業が行なわれる。もし事業に失敗したら、その資本金はなくなってしまうことになる。だから投資なんだ。同じように事業に使う資金を調達する手段として借入金があるが、これは事業が失敗したとしても返さなければならないものだ。資本金と借入金の違いは返す必要のない資本か、返す必要のある負債か、ということだ。だが、どちらも《資金の調達方法》であるという点では同じだ」

（だから仕訳も似ているんだあ……）

美彩「だから仕訳も似ています」

（今気づいたのに、まるで前から知っているかのような言い方しちゃった……）

現金　100,000,000 ／ 借入金　100,000,000

現金　100,000,000 ／ 資本金　100,000,000

美彩は近くにあったペンを取り紙ナプキンに仕訳を書き始める。

美彩「借方の現金が増えたのは、借入金の場合は返済義務のある負債が増えたから、資本金の場合は返済義務のない資本が増えたから、っていうことを示しています」

真冬「資本金という言葉の感じが、取っておかなければいけないお金のこと、っていう気がしたので……」

美彩「最初、財産をプラスの財産である資産と、マイナスの財産である負債に分けていましたけど、ここに資本が入って三つの分類になりますね」

真冬「財産の分類が三つもあるというのがピンとこないです……」

美彩「三つの財産の関係を

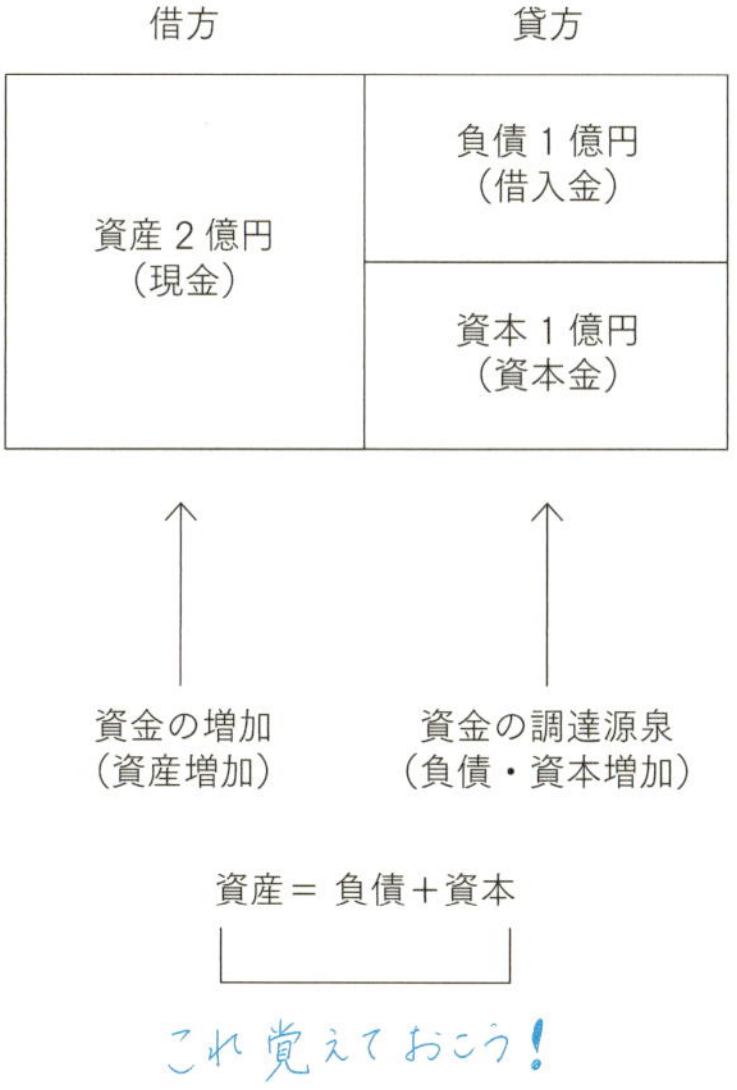

表すと《資産＝負債＋資本》となるの。例えばさっきこの紙に書いた仕訳では現金が二億円あることになるけど、それは銀行から一億円借りたためと、資本金として一億円出資してもらったため、ということになるわけ」

森田　「惣次郎殿、順啓殿。株式会社が成立すれば富の構成が激変しますよ。今まで財産といえばほとんどが不動産でした。しかしこれからは株式がそれに代わります。言い換えれば金融資産が富のほとんどを占めるようになる。不動産は小金持ちには人気が続くでしょうが、本当の金持ちは株式を買いあさるでしょう。なぜだか分かりますか？　単純なことです。事業のほうが儲かるからですよ。リスクはつきまといますがね」

貴己　「事業自体も変わりつつあります。大規模な機械導入による工業化です。事業が大規模になるにつれ資本金も大規模に集める必要があります。それには所有と経営を分離して、権利義務を明確にし、帳簿は誰が見ても正確であることが分かるようにしなければなりません。利益計算が正確で、適正な配当を計算できるようにする必要があるのです。多くの資本家が安心して出資ができるようにするためです」

順啓　「僕が投資する際に一番不安に思うのは、まず投資先は正確な利益を計算しているのか、そしてその利益に応じた適正な額の分配が行なわれるのか、という点です。よく考えてみればこれはどちらも帳簿の正確性の問題で、複式で解決できてしまうのじゃないですか」

惣次郎　「わしも契約期間の途中で利益の分配が行なわれるような事業では、この分配額は、実は自分が投資をした額が取り崩されているだけではないのか、という不安をいつも感じておった」

貴己　「《アカウンタビリティー》の問題ですね」

舞衣　「アカウンタビリティー？」

舞衣がまた怪訝な顔をする。

森田　「株式会社では取締役は株主から経営を《委任》されていることになりますが、委任を受けた取締役は株主に適正な結果報告を定期的にしなければならない義務を負うことになります。この義務のことを我々はアカウンタビリティーと呼んでいますが、複式はまさにこのアカウンタビリティーに相応《ふさわ》しい会計帳簿です。その意味で、私の株式会社法案は、美彩君がカギを握っている気がする」

貴己　「本当にそうですね。美彩君の複式は森田教授の株式会社のためにあるようなものだという気さえします」

順啓　「美彩君は日本経済の革命少女か」

第6幕

鹿鳴館控え室

—貸借平均の原理と試算表—

舞衣の取り計らいで、舞衣主催の鹿鳴館での舞踏会に美彩と真冬が招待されることになった。

その鹿鳴館控え室に美彩と真冬が入ってくる。美彩は裾に大きな襞《ひだ》が施された薔薇色のドレスにダイヤがちりばめられているティアラをつけている。

美彩　「私、本当に似合ってる?」

真冬　「大丈夫です。美彩さんは何でも似合います」

美彩　「本当?　舞踏会なんて初めてだからなんか緊張する」

燕尾服を着た順啓、純一が入ってくる。美彩と真冬は挨拶のお辞儀をする。

順啓　「これはこれは。今日はまさに複式の女神だな」

驚いたように美彩を見つめる二人。

純一　「確かに女神ですね……素晴らしい」

順啓　「ティアラもよく似合っている。君に贈った甲斐があったよ」

美彩　「順啓様にはこんな素晴らしいティアラをいただいてしまって、本当に申し訳ないです」

順啓　「鹿鳴館の舞踏会だから、これくらい飾らないと。気にすることはないよ。惣次郎殿からのドレスも素晴らしいね。真冬君のドレスも綺麗だよ。似合っている」

真冬　「ありがとうございます」

純一　「貴己君は所用で少し遅れてくるそうです」

美彩は少々残念そうな顔をする。そこへドレスを着た舞衣が入ってくる。

舞衣　「皆様、今日はお越しいただきありがとうございます。楽しんでいってください ね」

順啓　「舞衣様はいつもお美しい」

舞衣　「ありがとうございます、順啓様。純一様にもお父様みたいに女性が喜ぶ言葉が言える紳士になってほしいものですわ」

純一　「ひどいな、舞衣様は。僕だっていつも紳士ですよ」

舞衣は美彩に近寄ってティアラを眺める。

舞衣　「このティアラ素晴らしいわね。どこかの国のプリンセスみたい。順啓様の贈り物?」

美彩　「こんな高そうなものはいただけませんとお断りしたんですけど……」

舞衣　「あらダメよ。綺麗な女性が殿方からの贈り物を拒んだりしたら。日本の経済が停滞してしまうじゃないの」

純一　「舞衣様も言いますね。でも確かに男が美しい女性に貢いで経済が回るのは古今東西、同じですね」

舞衣　「最近の舞踏会は本当に女性が華やかになりました。それもみな貴族の方たちが競って女性へ豪華なものを贈るからですわ」

順啓　「海外から贅沢品が大量に入ってくるようになりましたからね。しかもその品物のほとんどが女性への貢ぎ物だそうですから、女性が綺麗になるのも頷けます」

純一　「王国では贅沢はなくてはならない。豊かな者が贅沢をしなくなったら、貧乏人は飢えてしまうだろう、とモンテなんとかという有名な人も言っています」

順啓　「商人たちも貴族の贅沢品需要を満足させるために、昔ながらののんびりした商売の仕方を改めてもっと効率的に大量販売しなければと駆り立てられているようにみえる。まあ、投資詐欺事件が次から次へと起きているのもそういう人間の欲望からだろうけどね」

真冬　「そういえば、いろんな事件が新聞を賑わしていますね」

順啓　「資本家たちが貪欲に贅沢品を購《あがな》えば購うほどより多くの金が必要となり、その金を生みだすため今度は収益性の高い新しい投資先を探し求めるようになる。そこに目をつけて詐欺師たちが跋扈《ばっこ》する。そういう構造だね」

純一　「ますます複式と株式会社の必要性が増しているというわけですね」

舞衣　「なんと言いましたかしら……そうそう、アカウンタビリティーとやらが確立すれば投資詐欺事件はなくなるのでしょうかしら」

順啓　「詐欺師たちがいなくなることはないでしょうが、我々資本家が投資先を選択するときに、複式による報告をきちんとしているか否かで判断することはできるでしょうね」

舞衣　「帳簿付けなどわたくしたちには全く関係のないことだと思っておりましたけど、貴族にとっても大きな利害があるということですのね」

順啓　「僕たちもいつ投資に失敗してゴミ溜めのような長屋に住む羽目になるか分かりませんよ」

舞衣　「そんなことになったら生きる意味がなくなってしまいますわ」

美彩　「長屋はゴミ溜めのように汚くなんかありません」

美彩が急に怖い顔をする。

美彩　「貴族の方たちは見たこともないかもしれませんが、私の下宿先の長屋はいつもみんなで協力して清潔にしていますし、活気に満ちています。食事は確かに豪華ではないですけど、毎日満ち足りていますし、なによりみんなの顔がいつも満足そうです。奥さん方も毎日違う着物を着てお洒落《しゃれ》をしています。そんなに高価なものではないかもしれないけど、愛着を持って丁寧に着ているのが分かります。あなた方貴族のように海外の贅沢品に囲まれて暮らしてはいないかもしれませんけど、生きる目的を失ってなんか絶対いません」
（どうしたんだろう、急に熱くなっちゃって……）
燕尾服を着た貴己がドアを開けて入ってこようとするが、美彩の剣幕に戸惑って立ち止まる。

純一　「美彩嬢……そんなに熱くならなくても」

順啓　「これは失礼した。決して庶民の暮らしを侮蔑《ぶべつ》するつもりで言ったわけでは……」

美彩が貴己が立っているのに気づいて恥ずかしげにうつむく。
真冬が貴己のもとへ駆け寄り、耳打ちする。

真冬　「貴己様、いいところにいらっしゃいましたわ。早く中へ」
真冬に引っ張られて貴己が皆の中央に立つ。

純一　「ちょっと言葉の行き違いがあってね」

順啓　「僕の言葉にデリカシーがなかった。すまない、美彩君」

美彩　「もういいんです。私も言い過ぎました。申し訳ありません」
丁寧に頭を下げる美彩。

貴己　「大丈夫？」

美彩 「もう平気、ちょっとかっとしちゃって……」

貴己 「少し休む?」

貴己は美彩をソファーに座らせる。

舞衣 「では舞踏会が始まるまでもう少しお待ちください。わたくしは少し準備があるので」

舞衣は部屋の外へ出て行く。順啓と純一は気まずそうにテーブルの飲み物を口にする。真冬も順啓たちに加わり飲み物を手に取る。

美彩 「貴己様も貴族なのよね?」

貴己 「うちの父は貴族の地位をお金で買った法服《ほうふく》貴族さ。もともとは貧乏商店の息子で、一代で三本家をあれだけの商家にした苦労人でね。まあ今でこそ歳を取って好々爺《こうこうや》みたいに見えるが、昔はいろいろえげつないこともしたらしい。それこそ大蔵卿と変わらないんじゃないかな。貴子姉さんのことだって……」

貴己の顔に急に暗い翳《かげ》がさす。

美彩 「お姉様のこと好きなのね」

貴己 「貴子姉さんのお母さんも僕の母も病気で早くに亡くなってね。姉と僕は異母姉弟なんだよ。姉はまるで僕の母のように接してくれていて、僕は小さい

美彩　頃はかなり甘えん坊だったらしい」
貴己　「お姉様とはお会いしていないの？」
「宮廷に入ってからは一度も会ってない」
二人とも少し黙ってしまう。
貴己　「僕の話なんかより、順啓様は清原家という名門貴族の当主様だけど、気さくでいいお方だよ。何があったのか分からないけど、決して庶民のことを侮蔑するような方ではない」
美彩　「そうね、ちょっと私が過剰反応してしまったみたい」
貴己　「向こうに行ってみんなと話をしよう」
二人は立ち上がって順啓たちのほうへ歩み寄る。
美彩　「ごめんなさい、順啓様。嫌な女だなんて思っていらっしゃらないですよね」
美彩から話しかけてくれたことで順啓たちはホッとした表情をする。
順啓　「そんなこと思うはずがないよ。君こそ僕とはもう話もしたくないと思ってはいないだろうね」
美彩　「だったら今お話をしていません」
純一　「機嫌直してくれてよかった。このまま口をきいてくれなかったらどうしようと父がおろおろしていて大変だったんだから」

順啓「何を言っている。僕まで美彩嬢に嫌われたらどうするんだよ、とふくれっ面をしていたのは純一だろう」

軽く笑ってしまう美彩。

美彩「もう話題を変えましょう。そうだ、焼酎『複式の女神』をうちの実家にご注文いただきましてありがとうございました。製造も順調で、もうすぐ出荷できます」

順啓「それは楽しみだ」

貴己「複式の女神？」

順啓「実は美彩君の実家に新しいブランドの焼酎を注文して、それを東京限定で販売しようと考えてね。平野屋事件でも頑張ってくれたし、なにより複式を広める一つの起爆剤としようと思ったんだ」

貴己「それはいいアイデアです。何本販売するんですか？」

美彩「三〇〇〇本です。売れなかったら順啓様に損害を被らせてしまうのではないかと不安で……」

純一「大丈夫、それぐらいあっという間にはけてしまうよ。足りないぐらいだ。そうだ、販売会もかねて『複式の女神降臨祭/焼酎パーティ』をやろうじゃないですか。美彩嬢が握手でもしてやれば若い貴族など一〇〇本単位で買っていきますよ」

美彩が目を細めて苦笑いをする。

純一　「でも焼酎を飲み過ぎて酔っ払って暴れるようなことはないですよね。美彩嬢がそうなっているのを想像すると……」

美彩の顔がちょっと怒ったような冷たい顔に変わる。

純一　「そんな怖い顔しないでくださいよ。美彩嬢にそういう顔されるとなんか近寄りがたいっていうか……複式少女には笑顔が似合いますよ」

美彩　「ありがとうございます」

真冬　「舞衣様がいらっしゃらないからって美彩さんを口説こうなんてなさるとチクリますよ」

純一　「おいおい、それはないだろう真冬君」

順啓　「気をつけろよ、純一。舞衣様は怖いぞ」

一同大きく頷きながら笑う。

順啓　「僕は『複式の女神』を三万本作って全国の流通に乗せようと考えたんだが、それでは損をする可能性が高いからといって美彩君は頑として受けなかったよ。複式少女は意外と頑固でね」

真冬　「頑固さは昔からです」

（へえ、そうなの？〈この世界の美彩〉って頑固なんだあ……私もか）

貴己　「複式といえば、森田教授が質問というか、宿題を僕に託されました」

美彩　「宿題……？」

（その言葉、あまり好きじゃないなあ……この世界に来る直前にもなんかの先生から宿題出されてすごく嫌な感じがしたような……）

貴己　「今日は司法卿との会食だそうで鹿鳴館に来られないのを悔やんでおられました。森田教授も美彩君のドレス姿をしきりに見たがっていましたから」

真冬　「美彩さんだけですか？」

貴己　「もちろん真冬さんもです」

貴己は片手を胸に当てて貴婦人に対するお辞儀をする。

貴己　「では、森田教授の宿題を披露したいと思います」

胸ポケットから紙切れを貴己は取り出す。

貴己　「――仕訳は借方と貸方に同額を記録するはずだが、例えば一万円の商品を売って半分を掛とし、半分を現金で受け取った場合、どのように仕訳する？」

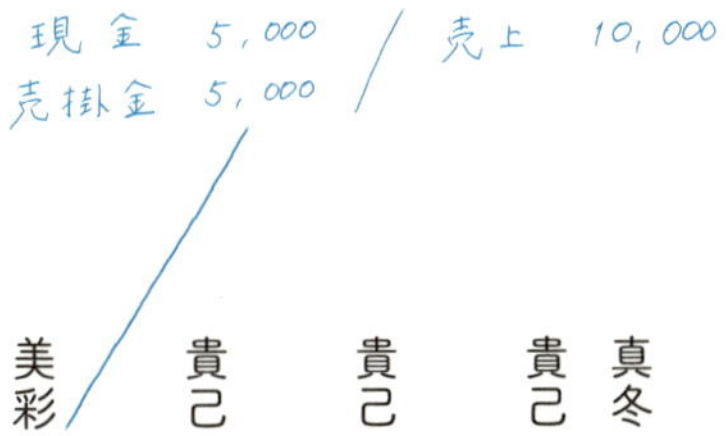

美彩　「それは簡単。仕訳は必ずしも一行とは限らないの。この場合は借方が現金五〇〇〇円と売掛金五〇〇〇円の二行になる」

真冬　「それでは借方と貸方がデコボコしちゃいますよ」

美彩　「でも借方の合計額が一万円となっていて、貸方の一万円と一致しているからいいのよ」

純一　「得意の人名勘定は使わないんだね」

美彩　「質問には誰に売ったという指示がなかったので、売掛金を使いました。それに、人名勘定が多くなりすぎると仕訳が逆に見づらくなるので、商売の規模が大きくなったら売掛金を使います」

　　　（売掛金のほうが一般的よね……何百人もの人の名前が仕訳にあったら何がなんだか分からない）

真冬　「美彩さん、でもそれでは総勘定元帳でお客様ごとの掛の管理ができなくなってしまいます」

　　　（どうしてそういうことすぐ思いついちゃうんだろう。真冬ってこんなに頭よかったっけ。それともパラレルワールドだから？）

美彩　「どうすればいいと思う？　人名勘定を使わず売掛金を使うとして、どうすればお客様ごとの掛も管理できるでしょうか？」

真冬　「うーん……」

順啓　「情報を増やせばいいのではないかな」

美彩　「どんな情報ですか？」

複式簿記の主な帳簿体系
主要簿 ― 仕訳帳・総勘定元帳
補助簿 ― 得意先元帳・仕入先元帳など

順啓　「仕訳というのは取引の日記帳みたいなものだと言っていたね。だから商品を売った相手先も仕訳の端に書いておいて、その情報をもとに顧客ごとの金額を集計すればいい」

美彩　「正解。さすがです順啓様。仕訳に《摘要欄《てきようらん》》というのを設けて、そこに相手先を書きます。その情報をもとに《得意《とくい》先元帳《さきもとちょう》》という総勘定元帳とは別な帳簿を作ります。仕訳帳や総勘定元帳のことを《主要簿《しゅようぼ》》というのに対して得意先元帳のことを《補助簿《ほじょぼ》》というんですけどね」

美彩はテーブルにあったペンを持って紙ナプキンに図を書き始める。

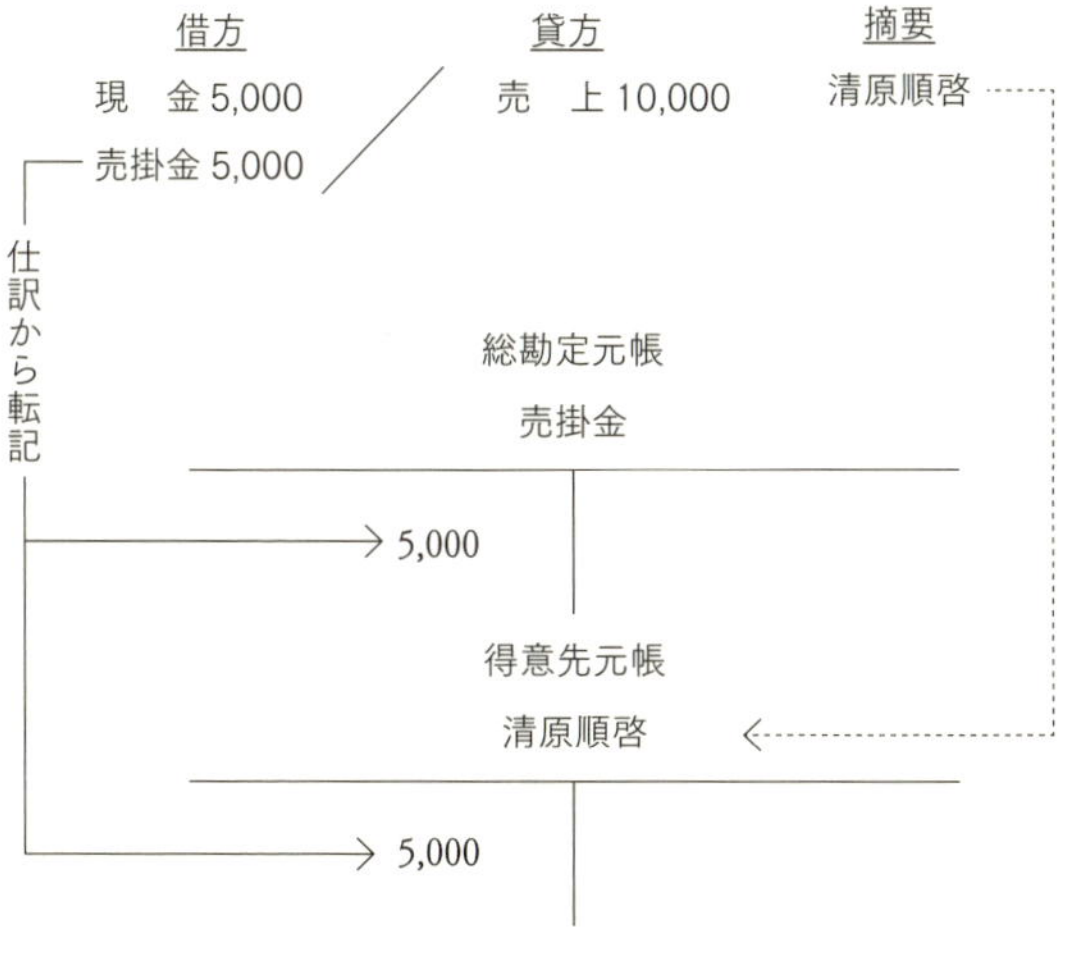

美彩「例えばこの商品を買ったのが順啓様だとすると、摘要欄に順啓様のお名前を書いて、それをもとに得意先元帳にも転記するんです。もちろん総勘定元帳にも転記します」

純一「また書かなければならない帳簿が増えましたね」

美彩「でも想像してみてください。お得意様が一〇〇〇人いたらどうなります？売掛の残高が今いくらあるのかを知るには、人名勘定を使っていたらそれを全部合計しないと分かりませんよね。それでは不便でしょう。だから仕訳では売掛金を使って、お得意様ごとの掛残高は得意先元帳で管理するんです」

貴己「事業規模が大きくなったら仕訳数も自然と増えてくるから、帳簿の仕組みもより効率的なものに発展していかなければならないということか……」

真冬「複式は発展していく……やっぱり複式って、奥が深いです」

美彩「仕入先がたくさん増えたら《仕入先元帳《しいれさきもとちょう》》という補助簿が必要になってくるし、何を管理しなければいけないのかによって帳簿も変わってくるということ」

貴己「なるほど。——では第二問。総勘定元帳を見れば勘定科目の残高は分かるが、これを一覧できる表があると便利だと思われる。そこで複式の特徴を最大限活かした一覧表を示してほしい」

（複式の特徴を活かしたって……あのことを言ってるのかなあ）

貴己「表を作るための設例も書いてあります。——焼酎を販売するための株式会社を一億円の現金出資を受けて設立したとしよう。設立してから一年間の売上が一〇億円、仕入が八億円で全て掛《かけ》取引《とりひき》、今期中に売掛も買掛も半額を現金で決済済み、その結果現金残高が二億円、在庫はゼロのときの今期末の表を示してほしい」

美彩「一覧表にすればいいんですよね……だから……」

貴己「ちょっと待ってくれ。実は最後に意味深な一言が添えられている——僕はここに一つ予言をしておこう。もしも複式が会計帳簿として完成されたものであるなら、ある原理がこの設例から導かれるはずだ——と書いてある」

真冬「予言……。私が解きたいです。予言ときたら他の人には任せられません」

美彩「じゃあ、真冬さん解いてみて。ヒントは無しよ」

森田教授設例

- 資本金1億円で会社設立（現金）
- 売上10億円（掛）
- 仕入8億円（掛）
- 売掛金と買掛金は半額決済済み（現金）
- 期末在庫ゼロ

真冬「複式は全てのスタートですからまず仕訳を書いてみないと」

美彩からペンをもらい紙ナプキンに真冬は仕訳を書き始める。

真冬「一年分の合計額で仕訳するとして……こうなりますよね」

売掛金	1,000,000,000 /	売上	1,000,000,000
仕入	800,000,000 /	買掛金	800,000,000
現金	500,000,000 /	売掛金	500,000,000
買掛金	400,000,000 /	現金	400,000,000

純一「もうスラスラ書けてしまうんだね」

真冬「平野屋でたくさん仕訳しましたから……。次にこれを総勘定元帳に転記する。

まず現金から書くとこうなります」

貴己「総勘定元帳の金額の横に勘定科目が書いてあるのはどういう意味かな？　例えば現金の借方に『売掛金　五億円』と書いているけど」

真冬「最初私も不思議でしたけど、これは仕訳の《相《あい》手《て》勘定《かんじょう》》――借方からみたら貸方、貸方からみたら借方の勘定科目という意味ですけど――その相手勘定を書いておくことによって、なぜ現金が五億円増えたか分かるようにしておくんです」

総勘定元帳

現金

（単位：億円）

売掛金　5	買掛金　4
	残　高　1
合計　5	合計　5

純一「現金五億円が増加した理由は、相手勘定である貸方の売掛金のせい――貸方に売掛金ということは売掛金の減少のせいだと分かるということですね」

真冬 「まるでジグソーパズルのピースを一個一個はめているようで、ゾクッとしますよね、仕訳って」
真冬 （あっ、その感覚分かる……私もこういうの意外と好きなんだよね）
貴己 「現金の残高は一億円だから……」
真冬 「いや、森田教授の設例では現金の残高は二億円になっている」
貴己 「教授が間違えたのでは？」
真冬 （一つ忘れてるよ）
貴己 「設例を教授が間違えるかなあ？」
真冬 「とりあえず、勘定科目の表を作ってみましょう。一覧にしなければいけないのですから、考えられるのは、借方と貸方に表の区分を分けて、縦に並べると……」
真冬 「ほら、見やすい表となったと思いませんか？　それに借方と貸方の合計が一致しているところが複式って感じがして素敵ですよね」
純一 「仕訳は借方と貸方が同額だから、それを

一覧表

（単位：億円）

科目	借方残高	貸方残高
現　金	1	
売掛金	5	
買掛金		4
売　上		10
仕　入	8	
合計	14	14

現金 100,000,000 / 資本金 100,000,000

集計した表も必ず借方合計と貸方合計が一致するんだね」

貴己　「でも森田教授の設例は現金残高が二億円になっている。そうすると借方のほうが一億円多くなる」

美彩　「設例の最初を読んでみて」

貴己　「——焼酎を販売するための株式会社を一億円の現金出資を受けて設立したとし……」

美彩　「ほら、それよ」

真冬　「そうか、資本金の仕訳が抜けてたんだあ！」

真冬　「だとすると、表はこれが正解でした」

貴己　「やっぱり現金は二億円が正しい金額だったんだ」

美彩　「この表は《残高《ざんだか》試算表《しさんひょう》》ね。試しに算した表と書きます」

真冬　「やっぱり美彩さんはもう知っていたんですか……」

貴己　「なぜ試算というんだい？」

残高試算表

（単位：億円）

科目	借方残高	貸方残高
現　金	2	
売掛金	5	
買掛金		4
売　上		10
仕　入	8	
資本金		1
合計	15	15

事業の元手の資本金を入れないと

美彩「貸借の合計が一致しているか、試しに検算するために表にした、という意味だと思います」

順啓「この残高試算表、よくよく見ると面白いね」

純一「どこがですか？」

順啓「例えば勘定科目の資産と負債の分類だけ表にしてみてごらん、真冬君」

真冬「あれ？　合計が貸借で一致しない……」

順啓「次に収益と費用だけだとどうなる？」

真冬「やっぱり一致しません。でもこれは売上と仕入の差額だから利益なのです。あと資本もあります」

順啓「資産負債、費用収益、資本の全ての勘定科目を集計して初めて借方合計と貸方合計が一致する。美彩君はこれにどこか違和感を感じないかい？」

美彩「違和感とおっしゃいますと」

残高試算表

（単位：億円）

科目	借方残高	貸方残高
現　金	2	
売掛金	5	
買掛金		4
合計	7	4

一致しない

残高試算表

（単位：億円）

科目	借方残高	貸方残高
売　上		10
仕　入	8	
合計	8	10

これも一致しない

順啓「今すぐには言葉で言い表せないが、何か異質なものがまぜこぜになっているというか……うーん、僕なりに後で考えてみるよ」

貴己「では、この設例から導かれる原理って何だろう？　誰か分かる人は？」

一同美彩を見る。

美彩「たぶん《貸借平均の原理》のことだと思います。試算表の借方合計と貸方合計は必ず一致するという意味です」

貴己はメモの裏をめくる。

貴己「——この設例から導かれる原理は《貸借平均の原理》であろう」

一同「すごい！」

美彩「森田教授って、飲み込みが早いというか、なんでもすぐ理解してすぐに適切なネーミングまでしちゃいますよね。今まで複式簿記を知らなかったなんて信じられない」

貴己「森田先生は日本の商法学者の中でも一、二を争う優秀な方だからね」

純一「貸借平均の原理ってずいぶん仰々《ぎょうぎょう》しい名前だけど、何か役に立つのかな？」

残高試算表

（単位：億円）

科目	借方残高	貸方残高
資本金		1
合計		1

この資本が今後のキーポイント

美彩　「もし貸借合計が一致しなければ、仕訳や転記にミスがあったということがそこで発覚します。つまり複式にはミスの自動発見機能があるということです」

真冬　「また新しい複式の秘密が発現……」

舞踏室からヘンデルの「水上の音楽」が聞こえてくる。

順啓　「舞踏会がようやく始まったらしい」

舞衣がドアを開ける。

舞衣　「さあ、皆様。舞踏会の始まりですよ」

美彩　「ああ、どうしよう——私、踊ったことないんです」

貴己　「心配する必要はありません。僕がリードしますから」

一同、舞踏室に向かうために部屋を出て行く。

第7幕

鹿鳴館別の控え室

―固定資産と減価償却―

ナレーション

舞踏室に入ると美彩は平野屋開化堂の田所に呼び止められる。主人平野が来ており、美彩に挨拶がしたいので控え室まで来てくれないかという。

美彩は、なんの疑いもなく田所についていく。

大蔵卿井上子爵が一人椅子に座っている。井上子爵しかいないのを見て、美彩は一瞬ためらいその場で立ち尽くす。

井上「ここへ来なさい」

井上の有無を言わさない威厳に美彩は逆らえず彼の前まで歩み寄る。田所が礼をして出て行く。

井上「驚いたかな。田所は本官が平野屋を辞めさせて雇った。敵側につくなど卑怯だなどと思ってはいけない。労働者がよりいい報酬のところに流れるのは当たり前なのである」

美彩「何のご用でしょうか」

美彩が気丈に答える。

井上「そのドレスはずいぶん高そうであるの」

美彩の薔薇色のドレスを眩《まぶ》しそうに見て井上は言う。

美彩「惣次郎様からの頂き物です」

井上「そのティアラはダイヤだろう。それも惣次郎からか? それとも順啓か? イギリス帰りの順啓がいかにも贈りそうな舶来ものである」

美彩は何も答えない。

井上「図星か。君は惣次郎の愛人になるのか、それとも順啓の愛人なのか。そうか、二人を手玉に取るつもりか」

美彩　「そんなつもりはありません」

美彩は強い口調で否定し、井上を強い目で真っ正面から見据える。

井上　「なにも向きになることはないであろう。綺麗な女が貴族の愛人になるなど珍しいことでもない。君もそのつもりでこんな舞踏会にそんなドレスを着て出かけてきたのであろう」

美彩　「違います！」

井上　「なら本官が惣次郎たち以上の待遇で君を愛人に迎えてもいい。どうであろう？」

美彩　「私、もう行きます」

美彩は出口に向かおうとドアのほうに振り向きかける。

井上　「待ちなさい！」

一喝され美彩は動きを止める。

（なんでこの人、こんなに威張ってるの……）

井上　「まあいい。話をしたかったのはそんなことではない。君の複式についてなのである。大蔵卿として本官も複式についていろいろ調査したが、世界中のどの資料にも君の複式のような帳簿方法はなかった。いったい君は、この複式をどこで学んだのであるか？」

美彩「それは……自分で思いついたというか……」

井上「これほどのものを君のような美しい女性が生みだすとは……天は二物を与えたか……」

（あなたに言われてもうれしくないというか、もとの世界では当たり前の知識なんで、ちょっと後ろめたい……）

苦笑いする美彩。

井上「だが、複式は邪魔だ。葬《ほうむ》り去らなければならんのである」

井上は美彩を厳しい目で睨《にら》む。

（邪魔？ 平野屋事件のときのように悪事を働くのに複式簿記が邪魔ということ……？）

井上「どうせ順啓から聞いておるだろうが、イギリスは大規模な紡績《ぼうせき》機械により大量の綿製品を作りだし世界へ輸出して大儲けしておる。産業革命とやらだ。我が日本も早急にこの大量生産方式を導入せねば世界に後れを取る。だから大蔵卿としてわしも紡績業を推進するために、まず国で紡績機械を購入し民間に払い下げることを計画しておる。そのときに複式などがあると邪魔なのである」

美彩「……」

井上「複式などという正確で融通が利《き》かん帳簿があっては困るということだ。だから本官は森田教授が中心となって進めている株式会社法案でも複式の導入には反対するのである」

美彩「……」

井上「紡績機械は製造が追いつかなくてイギリスでもなかなか手に入らないという。だから国が肩代わりして購入し民間に売却するのだが、そのとき本官らが民間企業に望むものは何であるか？」

美彩「賄賂《わいろ》？」

井上「そういう野暮《やぼ》な言葉は使わんでほしいな。リベートと言いなさい、リベートと」

（同じことでしょ）

井上「複式の特徴は、財産の増減をその理由とともに記録することであろう」

（……的確に複式の特徴を捉《とら》えている……大蔵卿だけあって頭はいいんだあ……）

井上「しかもたった二つの欄で記録するその簡素さもあって森田教授は盛んに複式を株式会社に導入しようとしておるが、そんなものを導入されてはこれからの行政に支障をきたすことになる」

美彩 「ごまかしが利かなくなるからですか？」

井上 「その通りである」

美彩 （そんなに堂々と言わなくても……）

井上 「本官は日本の未来をみている。紡績機械を導入することによって、日本の経済環境がどう一変するか、複式を生んだそちならどう考える？」

美彩 「大量に作るからコストが安くなって……しかも機械で作るから製品の質が安定していて……つまり、質のいい製品を一般の庶民でも買えるようになる、そういう時代でしょうか」

井上 「その通りである。本官は庶民の将来のためにこの紡績機械導入計画を進めておる。だからそちの複式など導入されては迷惑千万なのである」

美彩 （話が飛躍してませんか……）

井上 「リベートは何も自分の懐にため込むためではない。政治活動には莫大な金が必要であり、そのための蓄えとしてリベートは必要不可欠なものなのである」

美彩 （自己正当化でしょ、それって……）

井上 「本官も大蔵卿であるからして、そちの複式に知的好奇心が湧かないこともない。そこで後学のため聞いておくが、機械を購入したとき、複式ではどのように処理する？」

美彩「言いたくありません」

井上「言いたくないだと？」

鼻で笑う井上。

井上「分からんだけであろう。分からないなら、分かりません、と素直に言うものだ」

（その言い方、なんかむかつく……）

美彩「固定資産購入の処理ぐらい分かります」

井上「固定資産というのは資産の分類か？」

（資産とかの分類も理解してるんだあ……意外と侮《あなど》れないこの人）

美彩「そうです。資産の中の一分類です。機械は資産として処理するということです。事業のために使うものですから製造コストとして費用にすることも考えられますけど、機械は何年も使えるので資産にします。使わなくなったら売却することもできますからプラスの財産」

井上「固定資産とそれ以外の資産の区別の基準は何であるか？」

美彩「一年を超えて事業のために使うことを予定している高額な機械とか、工場建物とかが固定資産です」

井上　「一年……それは何から数えて一年であるか?」

美彩　「期末日の翌日からです。長期間使うことを予定しているものは固定資産にするということです」

井上　「そちの複式の仕訳で言ってみろ」

美彩　「例えば一億円の機械を現金で買ったら、借方は機械一億円、貸方は現金一億円」

井上　「その借方、貸方というのを聞くと虫酸《むしず》が走るのう」

（自分で仕訳を聞いてきたんじゃない……）

井上　「機械はいつか壊れて廃棄することになるが、そのときはどうする?」

美彩　「また仕訳をしなければなりませんけど、よろしいですか?」

井上　「かまわん。早く説明しなさい」

美彩　「廃棄損《はいきそん》という費用を計上します。借方は機械廃棄損一億円、貸方は機械一億円」

井上　「それはおかしいであろう」

井上がいきり立って腰をあげる。

井上　「とても複式少女として世間で騒がれているそちが言っていることとは思えん」

美彩　「どういう意味です？」

井上　「それでは固定資産を廃棄した期だけ莫大な費用が計上され、それ以外の期には全く費用が計上されないではないか」

（説明するのが面倒だから省略したんだけど、そこまで理解しているんだあ、この悪者）

美彩　「どうしておかしいと思うんですか？」

井上　「本官も複式をかなり研究したと言っておるであろう。平野屋裁判では負けたが、あれは証文を利用して一儲けしてみるかという、まあいわば遊びである」

（遊び……遊びで一つの商家を潰そうとしてたの……）

きつい目で美彩は井上を睨む。

井上　「まあそう怖い顔をするな。複式の核心を本官ほど理解している人間は今この世界ではさほどおらんだろうと自負もしておる。森田教授は除いての。その本官が思うところ、複式の特色は、その見やすさ以上に――もちろん分かりやすいというのも大事だが――なんといっても損益の計算と財産の増減が連動しておることだ。商売の利益を計算しながら財産の管理も同時に行なう。同時に行なうから事業の活動全体を過不足なく正確に記録できる。間違いも少ないし、間違えばどこかで狂いが生じるからすぐ分かる。どうだ、少しは本官を見直したか」

美彩「確かに、ポイントはついてます」

井上「しかしだ。日本の未来を考えておる本官は、複式のこのようなせこい仕組みには興味がない」

（せこい、ですって！）

井上「本官はこれからの大量生産時代で一番問題となるのが、機械の費用をどのように製造コスト計算に入れるかであろうと睨んでおる」

（うーん、変に鋭い、この悪者）

井上「大量に安価なシャツを国民に提供しようとしているのであるから、そのシャツ一枚の製造原価がいくらなのかはシビアに計算せねばならん。しかもである」

井上はテーブルに置いてあったコップの水を一口飲む。

井上「しかも、その原価で一番高額だと考えられるのが機械である」

（言うことごもっともです）

井上「その機械を購入したときは資産として処理するのはよしとしよう。だがそれを廃棄するときに全額費用とするなどいったいどういう了見であるか。よいか、それでは機械を購入して廃棄するまでの期間はシャツの製造コストは固定資産は製造に使うものだから本来は費用。
でも長期間使うから資産にする。
棚卸資産と同じ《費用性資産》

安くてすむが、廃棄した期のみ莫大なコストが出てしまうではないか。しかもその機械はもう廃棄して製造には使っていないにもかかわらずだ。それでは機械を購入したときにわざわざ資産としている意味がないではないか」

美彩　「なぜそう思うんですか」

井上　「機械は製造に使うものだから本来は費用であるものを、購入したときに費用としてしまってはその期だけ莫大なコストがかかり、それ以降全くコストがかからないという不都合が生じるから、購入時には資産として処理するのであろう」

井上は、どうだとばかりに美彩を見上げる。

（すごい、この悪者。固定資産の意味を理解している……）

美彩　「《減《げん》価《か》償《しょう》却《きゃく》費《ひ》》のことをおっしゃりたいのですね」

井上　「ゲンカ……？」

美彩　「価値が減じるの減価です。固定資産の購入額――これを《取《しゅ》得《とく》原《げん》価《か》》といいます――この取得原価を機械が使える期間にわたって費用にすることを《減価償却》といいます」

井上　「だがどうやって使える期間を予測するのだ。買ったときにどの機械がどれだけ持つかなど分からんであろう」

定額法
取得原価1億円÷5年＝2,000万円
減価償却費 20,000,000 ／機械 20,000,000

美彩「おっしゃる通り、機械がどれだけ持つか——これを《耐用年数《たいようねんすう》》といいますけど——耐用年数は未来のことですから分かりません。ですから、その機械が何年持つかをあらかじめ仮定して決めておき、その期間で均等に費用化していくのです。例えば一億円の機械の耐用年数が五年とすると、五年間で均等に取得原価を費用化——これを《定額法》といいますけど——その仮定に基づいて費用を毎期仕訳するんです」

井上「どのように仕訳するのだ」

美彩「耐用年数が五年で定額法で減価償却すると、借方は減価償却費二〇〇〇万円、貸方は機械二〇〇〇万円になります」

井上「仮定で費用にする……ジグソーパズルのピースを組み合わせたような精緻《せいち》な複式としては、いきなり柔軟な発想であるな」

（ジグソーパズルなんて、真冬みたいなこと言う……）

井上「そのような仮定で計算した減価償却費が費用だと聞くと、いったい費用とは何であるか分からなくなる」

井上は一人で考え込むように机に片肘《かたひじ》をつく。

井上「いや、本官は仮定という言葉に気を取られすぎているのか。高額な機械の費用をどう認識すべきか、問題はそこであって、しかもその機械が何年持つかは使い方などによって一概には分からないのであるから、一定の方法で計算して各会計期間に費用を配分してしまうというのは、当然な発想であるかもしれん……」

（やっぱり頭いいんだ、この悪者）

井上　「出資が永続的である株式会社を考える上で会計期間という概念は必須であり、その期間にどれだけ費用があったのかは配当計算に多大な影響を与えるので資本家は重大な関心を持つ。であるならば機械については毎期同じ額を費用とすることに異論が出にくいであろうな……いや、だが機械は時間が経つと旧型となり新型に比べて生産能力は落ちていくものである。かつ、古くなればなるほど修繕費も嵩《かさ》む。であるなら、耐用年数とやらで均等に費用にするのは実態に合っていないのではないか……」

美彩　「そこが気になるのなら《定率法》という計算方法もありますけど」

急に話しかけられ、井上は驚いたように美彩を見上げる。

井上　「何だと？」

美彩　「五年間で単純に割って償却費を計算するのではなくて、《簿価《ぼか》》に一定の《償却率》をかけた金額をその期の減価償却費とする方法です」

井上　「言っている意味が分からんが」

定率法：
1年目：1億円×償却率0.3＝3,000万円
2年目：（1億円－3,000万円）×0.3＝2,100万円
3年目：（1億円－3,000万円－2,100万円）×0.3＝1,470万円
⋮

美彩「例えば一年目は取得原価一億円に0・3とかの率をかけて三〇〇〇万円が減価償却費。二年目は取得原価一億円から前期の減価償却費三〇〇〇万円を引いた七〇〇〇万円——これが簿価です。簿価というのは取得原価から減価償却費を引いた金額のことをいいます——この簿価七〇〇〇万円に0・3をかけて二一〇〇万円が減価償却費……これを耐用年数にわたって繰り返していくのが定率法です」

井上「最初の頃の償却費が多くて、徐々に償却費が小さくなっていく……古くなると徐々に修繕費が嵩むからそれに合わせて減価償却費は少なくしておこうということか……よくそんなもの考え出したのお。そちは数学科でも出ているのであるか？」

美彩「いえ、数学は大嫌いです」

井上「だが定率法とやらもそちが考えたんであろう」

美彩「それはそうですけど……」

井上「どちらにせよ、高額な機械を費用として認識するには減価償却という方法は有効であるように思われる。だがこれを記帳するためには複式など使わなくても従来の手法で十分対応できる」

美彩「複式のほうが分かりやすく効率的に記録できると思います」

井上は大きくため息をつく。

井上「最近、綿花《めんか》投資詐欺事件が世間を賑わしていることをそちは知っておるかな？」

美彩「この前柏屋砂糖事件が話題となっていたのは知っていますけど」

井上「このご時世、事件など毎日至る所でおきておる。欲に目のくらんだ奴らがごまんとおるからな」

（自分もでしょ……）

井上「大野という詐欺師が綿花の輸入に投資をすると言って比較的裕福な庶民から数億円集めた。毎月配当をするからというのが売りでの。しかも貴族ではなくて庶民から集めたというのがミソだ。騙《だま》しやすいと睨んだのだろう。しばらくは毎月配当を欠かさず実施していたようだが、最後は金を持って国外へ逃亡してしまった」

美彩「綿花の輸入なんか実際にはやっていなかったのじゃないですか。集めたお金から配当していただけで」

井上「その通りだ。大野のような詐欺事件が今日本中で勃発しておる。これは事業投資をするための法制度がないからだ。したがって株式会社制度導入は火急の問題である」

井上 （言うことはもっともなんだけどなあ、この悪者）

美彩 「火急の問題であるからして、それを根付かせることが重要なのであり、そこに複式などという見たこともない記録方法などがくっついていては普及の妨げになるとそちは思わんのか」

井上 「複式のほうが大福帳などより多くの人が簡単に学ぶことができます」

美彩 「まあよかろう。その話は正式な場で闘ってもよろしい。それより今日はそちよりなかなかいい話を聞いた。減価償却という考えは、大蔵卿としても採用を検討しよう」

井上 「ありがとうございます」

美彩 「褒美としてこの大蔵卿の女にしてやる」

井上 （はっ？　――）

美彩 「ご遠慮いたします。私は自分の力で生きていきたいですから」

井上 「自分の力だと？　笑かしてくれるのう。女は力ある男に貢がれる、それこそが女の道であるぞ。そちが本官から貢がれれば貢がれるほど庶民の仕事も多くなり下々は潤う。それが経済というものだ」

美彩 （どこかで聞いたような話だけど、あなたに言われるとなんだかむかつく……）

美彩

「あなたのような人のいいなりになるつもりはありません。私は複式がこの世界で必要とされている気がしているんです。複式を広めなきゃっていう使命感のような気持ちが湧いてきているんです。だって複式は人々の生活に必要なものだからです。しかもあなた方のような貴族や資本家だけではなく、一般の庶民の方たちの生活にも複式は必要なんです。自分の財産を守るために複式の知識が役に立つからです。だから私は自分のその使命感のために生きていきたい」

第8幕

司法省法制審議会会議室

―利益剰余金とクリーン・サープラス関係―

ナレーション

株式会社法案は国会への提出まであとわずかとなり、森田教授は貴己らとともに配当計算の基礎となる株式会社会計を複式簿記をもとにした計算書類規則という形でまとめ上げた。

これに対し井上大蔵卿は使い慣れた従来の和式帳《ちょう》合《あ》いと呼ばれる会計制度を主張し、森田教授らに対抗してきた。

会計制度の最終決議を取るべく、司法省法制審議会でどちらが株式会社の会計として相応しいかの審議が行なわれることとなった。

司法省法制審議会会議室で株式会社法案の参考人として召致された美彩が、胸元に白い大きな花のリボンをつけた濃紺のワンピースを着て昂揚《こうよう》した面持ちで席に着いている。隣には森田教授が座っており、反対側の席には同じく参考人として呼ばれている清原順啓がいる。他には司法省の役人が数人神妙な面持ちで席に着いている。

近衛《このえ》司法卿と井上大蔵卿が入室し、正面の席におもむろに座る。

近衛「お待たせいたしました。それでは株式会社法制審議会を早速始めたいと思います。本日は参考人として複式簿記という会計制度を広めた衛藤美彩嬢、それに資本家代表として清原順啓侯爵においでいただいている。本日の議題は決議事項一つのみ。株式会社の会計制度として二案残っているどちらを採用するか、であります」

井上「まず大蔵卿として一言申し上げる。産業革命により工業化された欧米列強に後れを取らぬために、我が国への株式会社という法制度の導入は急務である。この場にいる全員の気持ちがこのことについては一つであると本官は信じておる。したがって制度としての精緻さよりも、どうすれば迅速かつ的確に我が国に大資本による産業を興《おこ》させることができるかが重要であり、そこを是非忘れずに考えていただきたい。これは今から議論する会計制度も同じである。どんなにいい制度を作っても、そのやり方を誰も知らない、誰も帳簿に書けないのであれば何の意味もない」

森田が何か言いたそうに腰を上げるが、近衛司法卿が目でそれを押さえる。

森田は椅子に深く座り直す。

近衛　「では森田教授が推されている複式簿記から審議いたしましょう。株式会社法制調査会の座長である森田教授はなぜ複式簿記を採用されたのか、改めてご教示願えますかな」

森田が立ち上がる。

森田　「株式会社の会計で一番重要なのは、株主への配当の計算が正しく行なわれ、そしてその記録が帳簿に正確にしかも継続して残っていることだと私は考えています。この正確性が確保されていなければ誰も会社に出資などしませんから。その点、みなさんに異議はないはずですが、いかがでしょうか」

一同頷く。

森田　「このことは《分配可能額《ぶんぱいかのうがく》》をどのように計算・記録するのかと同じ意味になります。分配可能額とは、我々の計算書類規則案で規定している配当の原《げん》資《し》のことです。平たく言えば利益の累積額ですが、〈最大、この額まで配当することができる〉というのが分配可能額です。これをどのように継続的に記録するか、これが株式会社会計最大の問題点であり、この点を最も巧みにしかも明瞭で分かりやすく解決してくれるのが複式なのです」

井上 「今ひとつ、本官には貴殿のおっしゃっている意味が分かりませんな。もう少し分かりやすく話していただけないであろうか。複式の特徴は、その分かりやすさだと聞き及んでおるのだが」

森田 「かしこまりました」

森田が馬鹿丁寧に井上にお辞儀をする。

森田 「では事例を使ってお話ししましょう。これは複式の生みの親である美彩君にお願いしたいと思います」

森田が席に着き美彩に目配せをすると、美彩が立ち上がる。

美彩 「ではわたくしからご説明いたします。まず、みなさんが利益とは何かをご理解いただいているのか、少し試させてください」

井上 「ほう、庶民が貴族を試すと」

近衛 「まあよろしいではないか、大蔵卿。私も利益という言葉を分かっているようで厳密に何だと問われると答えに窮する。ですから複式少女と呼ばれる美彩嬢の話を聴いてみたい」

美彩が目で近衛に礼をする。

美彩「例えば設立一年目の会社が、売上一〇億円、費用合計九億円、その結果利益が一億円あったとします。この利益一億円というのは、次の会計期間、つまり翌期である第二期に引き継ぐのでしょうか？」

近衛「一億円の黒字、つまり利益はその期の成績みたいなものだから、引き継ぐことはないと思えるが」

美彩「近衛様のおっしゃる通りです。経営成績としての利益一億円は翌期の損益の計算に引き継がれることはありません。女学校一年生のときのテストの点数が二年生のテストの点数に加点されることはありませんから。でもそれは、成績としての利益は翌期へ引き継がれることがないというだけです」

美彩は出席者が理解しているか確認するように周りを見渡す。

美彩「この利益一億円は会社の所有者である株主へ配当する原資となります。この一億円を元に配当するということですね。ですから分配可能額は一億円となります」

森田「この一億円のうちいくら配当するかを決めるのは、会社の経営者である取締役ではなく会社の所有者である株主であり、具体的には期末後三ヶ月以内に行なう《株主総会》で決議することになります」

美彩「期末後、つまり翌期にならないと配当額は決まらないということです。複式風に言えば、配当の仕訳を起こすのは翌期なのです」

井上「それに何か問題でもあるのか」

美彩「成績としての一億円は翌期へ引き継ぎませんが、分配可能額としての一億円は翌期へ引き継いでおかなければ配当するときの仕訳ができません。ホワイトボードがあればお借りできますか？」

近衛「ホワイトボードとは何だね？」

（そうか、この世界にはまだないのか……）

美彩「では黒板はありますか？」

近衛「可動式の黒板があるはず。すぐ持ってこさせよう」

近衛が指示をすると一人が急いで外に出て黒板を持ってくる。美彩が黒板の前に立ち、チョークを手に取り図を書き始める。

美彩「この会社の残高試算表を書くとこうなります。資本金は一億円で、設立と同時に一億円の借入も

残高試算表

科目	借方残高	貸方残高
現　金	3億	
借入金		1億
資本金		1億
売　上		10億
仕　入	9億	
合計	12億	12億

したと仮定しています。売上と仕入は全て現金で決済されているとお考えください。残高試算表というのは勘定科目の残高だけを集計した表です。この残高試算表を財産の分類である資産・負債・資本と、損益の分類である費用・収益との二つに区分するとこうなります」

残高試算表

科目	借方残高	貸方残高
現　金	3億	
借入金		1億
資本金		1億
売　上		10億
仕　入	9億	
合計	12億	12億

貸借対照表（財産の表）

現金３億	借入金１億
	資本金１億

損益計算書（損益の表）

仕入９億	売上10億

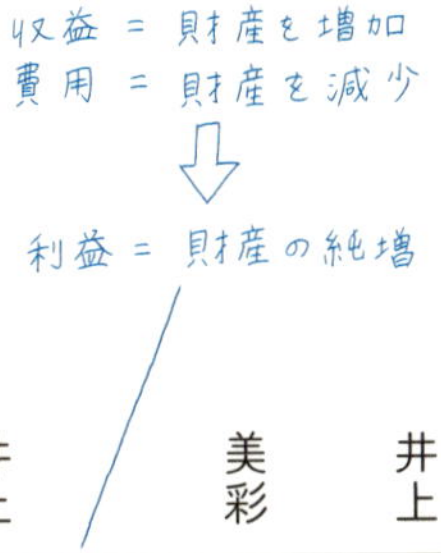
収益 = 財産を増加
費用 = 財産を減少
利益 = 財産の純増

井上「複式は何でも二つに分けたがるの」

森田「計算書類規則案では財産の表のことを《貸借対照表《たいしゃくたいしょうひょう》》、損益の表のことを《損益計算書《そんえきけいさんしょ》》と呼んでおります」

井上「対照といいながら、貸借対照表が借方と貸方でデコボコとなっておるではないか」

美彩「そこは今からご説明します。複式では収益というのは財産を増加させる取引のことで、費用は財産を減少させる取引です。ですからその差額である利益は財産の純増を意味します。ここまではよろしいでしょうか？」

井上「単純な算数である。早く続けなさい」

美彩「利益が財産の純増を意味するなら、先ほど大蔵卿がおっしゃった貸借対照表のデコボコと損益計算書の利益の額は一致するとお思いになりませんか？」

井上「一致するだと……貸借対照表で資産側が一億円多くなっているのは利益一億円があったから……なるほどそういうことか……」

（理解だけは早いなあ、この悪人）

美彩「お分かりいただけましたか？　貸借対照表の差額一億円というのは、損益計算書で計算された利益一億円によってもたらされた財産の純増なのです。そして、この利益一億円は株主に配当するための原資ですから、株主のものです。株主のものであれば、それは資本金と同じように資本の分類として貸借対照表に表示すべきだと思いませんか。つまり、貸借対照表のへこんでいる部分には、当期純利益一億円が書かれるんです」

井上　「それは卑怯であろう」

井上が大きな声を上げる。

井上　「ルール違反である。なぜならば複式では利益は収益と費用の分類であったはずであり、その差額である利益を財産の分類に書くのは反則だからである」

美彩　「それがルール違反ではないんです」

（断言したのはいいけど、この辺、私もうろ覚えでうまく説明できるか不安……）

美彩　「えーと、株式会社の所有者は株主でしたよね。株主は資本金を出資したか

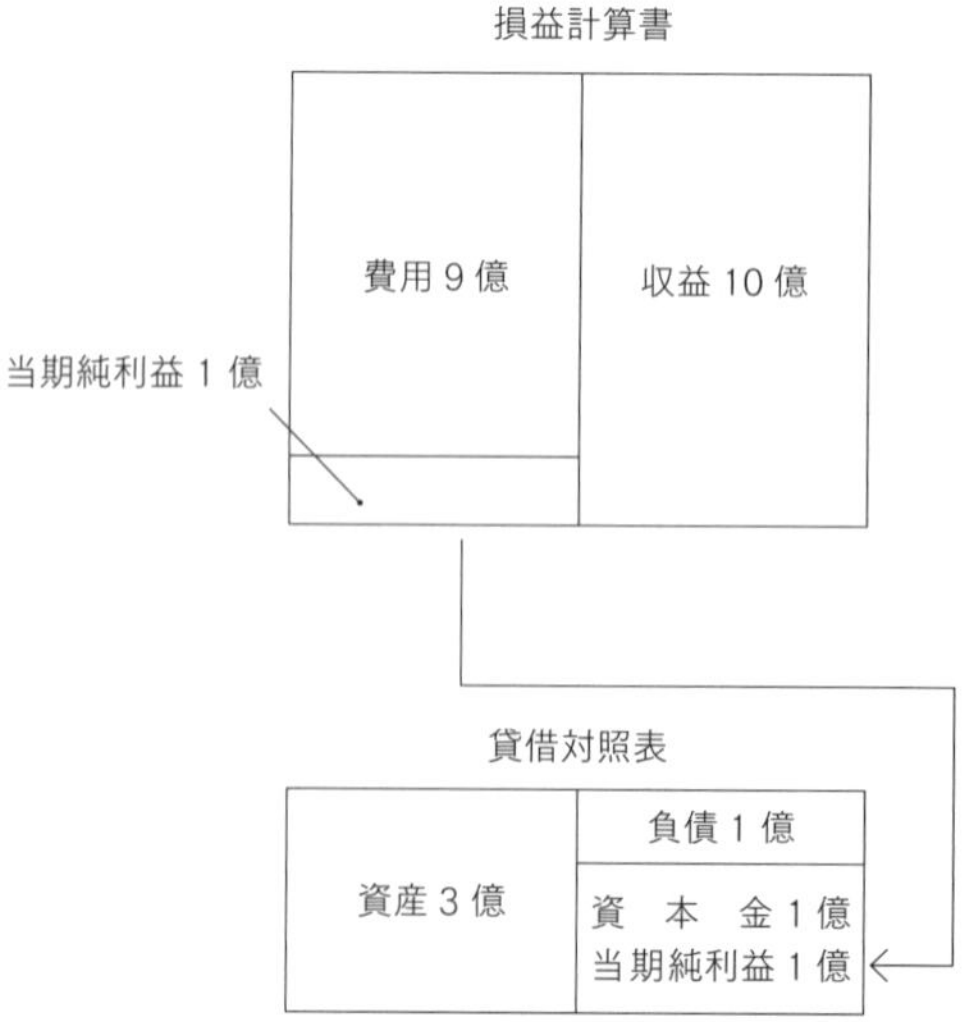

ら会社の所有者となっているわけですけど、そのことが貸借対照表を見ると一目瞭然です。借方の資産三億円のうち株主が資本金として出した額が一億円あるよって分かるように資本金一億円と貸方に書いてあります。分かりやすいですよね」

確認を求めるかのように美彩は大きな笑顔を正面に座る近衛と井上に向ける。

(資本金から話をスタートしたのは我ながらうまかったかな……)

美彩「でも他にも株主のモノがあります。当期の利益一億円によってもたらされた資産の増加額一億円です。ですから借方に書かれている資産三億円のうち一億円は、株主のものである利益によってもたらされたんだということがすぐ分かるように、資本として貸方に利益一億円と書くんです。ほら、どこにもルール違反なんてないでしょう」

近衛「具体的に仕訳ではどうなるのでしょうかな」

美彩「ここが複式のポイントですけど、資本の分類の勘定科目である《利益剰余《りえきじょうよ》金《きん》》を使うんです。利益の額だけ利益剰余金が増えるように仕訳して、利益剰余金に利益をため込んでいくイメージです。借方は利益を計算するための勘定科目である《損益》一億円、貸方は利益剰余金一億円です」

なぜ借方に〈損益〉がくるのかについては ここでは省略

損益 100,000,000 ／ 利益剰余金 100,000,000

森田「そしてこの利益剰余金の残高が株主へ配当できる分配可能額となるわけで

厳密には分配可能額は利益剰余金と同じではないけど、ここでは単純化

美彩

す」

「第二期も利益が一億円発生した場合、利益剰余金に一億円が足されて二億円となり、第三期でまた利益が一億円発生したら利益剰余金は三億円になり……この関係がどんどんつながっていくことになるわけです。記録が連続的に行なわれているので、分配可能額の数字が正しいかどうか過去に遡《さかのぼ》って検証もできちゃう、そこが複式のすごいところです」

美彩が新しい図を黒板に書く。

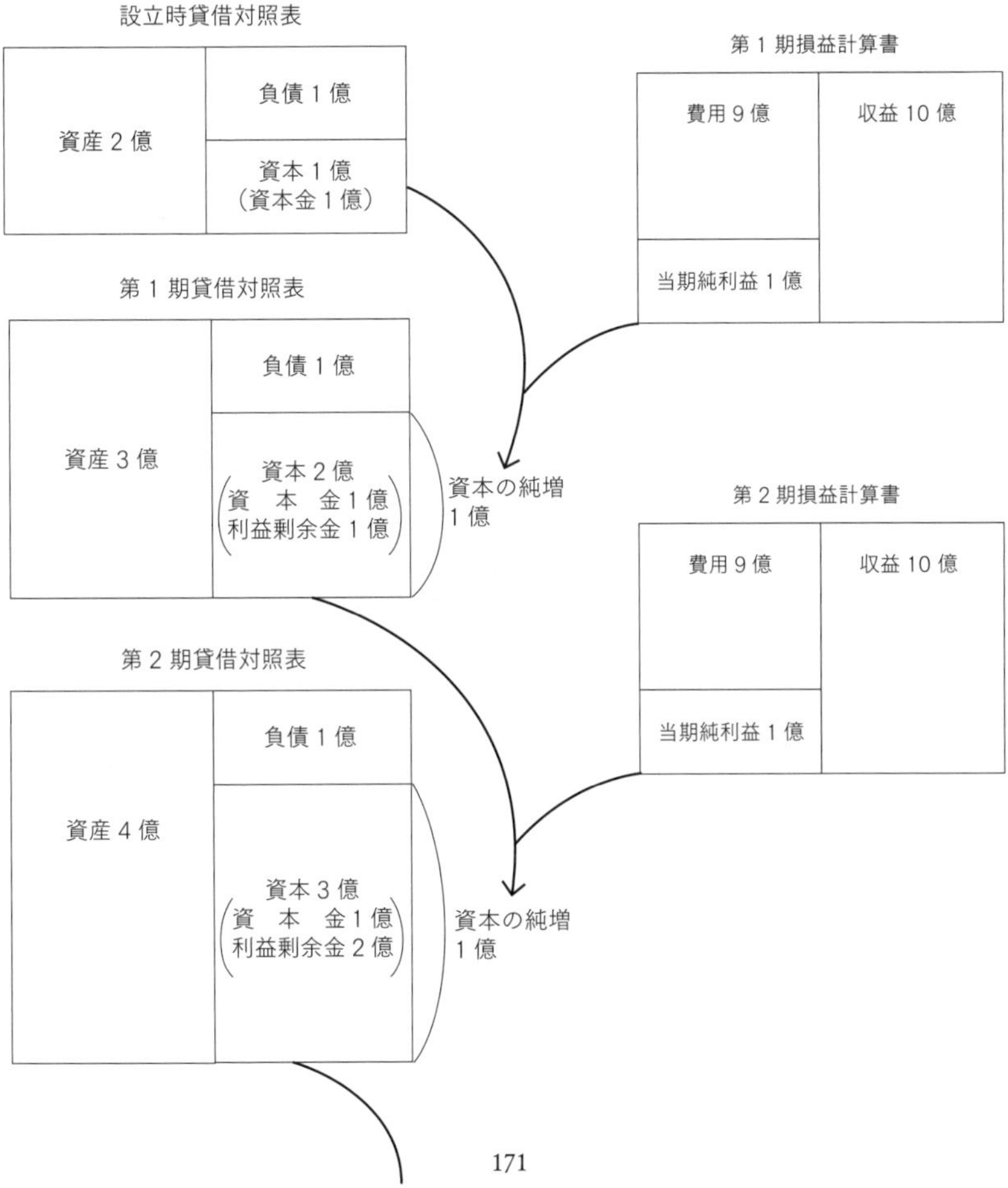
設立時貸借対照表
資産 2 億
負債 1 億
資本 1 億
（資本金 1 億）
第 1 期損益計算書
費用 9 億
収益 10 億
当期純利益 1 億
第 1 期貸借対照表
資産 3 億
負債 1 億
資本 2 億
資　本　金 1 億
利益剰余金 1 億
資本の純増
1 億
第 2 期損益計算書
費用 9 億
収益 10 億
当期純利益 1 億
第 2 期貸借対照表
資産 4 億
負債 1 億
資本 3 億
資　本　金 1 億
利益剰余金 2 億
資本の純増
1 億

利益剰余金 30,000,000 / 現 金 30,000,000
(この仕訳は第二期に起こされる)

順啓　「僕も発言してよろしいでしょうか?」

近衛　「どうぞ、各自活発に議論してください」

順啓　「この図では第一期分の配当をしていないことになっていると思うが、僕の見方は合っているかな」

美彩　「その通りです。例えば第一期の利益一億円の30％を配当すると決定した場合、三〇〇〇万円が利益剰余金から配当されてしまいますから、第二期貸借対照表の利益剰余金は一億七〇〇〇万円となります」

近衛　「資本家代表として清原殿はこの複式の利益剰余金という仕組みはどうお思いになりますかな?」

順啓　「僕がどこかの会社に出資をしようとしたとき、複式を使っている会社とそうでない会社があったら、間違いなく複式で記録している会社を選ぶでしょうね。先頃話題となった投資詐欺事件をみるまでもなく、配当されたお金というのが実は我々が出資した金を単に取り崩しているだけなのではないか、という不安があっては、とても巨額な出資などできるものではありません。この不安をいかに取り除いてくれるか、そこが株式会社会計のポイントだと僕は考えておりましたが、この複式は出資額である資本金と分配可能額である利益剰余金を明確に区分してしかも連続的に記録している。帳簿として申し分ない制度だといわざるを得ないと考えます」

森田 「複式では貸借対照表に書かれる資産、負債、資本――これらを《貸借対照表項目》といいます――この貸借対照表項目の増減が連続して記録することができる、このことに重要な意義があると考えます。連続しているからこそ、もし不正や誤謬があれば必ずどこかにひずみが生じます。ひずみを見つけたら過去に遡って検証すれば原因を見つけることも可能です。株主にとって一番重要である利益剰余金を連続記録できる、この点だけを見てもアカウンタビリティーとして複式は非常に優れていると私は考えます」

順啓 「素晴らしい。なんというか、複式は決して複雑ではなく、非常にシンプルであるにもかかわらず機能美に優れている。人は自然界にある風景や動物の美しさに感銘を受けますが、その感動に近いものを僕は感じます」

森田 「この美彩君が書いた連続図は貸借対照表の増減が損益計算書の損益の額と一致していることを示しているといえますが、私はこれを《クリーン・サープラス関係》と呼ぼうと考えております」

順啓 「余剰という意味のサープラスですね」

美彩 「クリーン・サープラス関係なんて、また格好いいネーミングしましたね。さすが、森田教授！」

森田が自慢げに微笑《ほほえ》む。井上は苦虫をかみ潰したような顔をして黙っている。

（でもクリーン・サープラスの連環っていうほうがぴったりな気がする……）

近衛「どうであろう、大蔵卿。貴殿は慣れ親しんだ和式帳合《ちょうあ》いを推しておられるが、今の話を聞いて何か意見がおありかな？」

井上「取引の原因と結果を一つの仕訳で表現できる一覧性や、利益剰余金による分配可能額の連続記録は、それなりに意味があるように思われる。しかしいかんせん、今の日本、いや、世界中どこを見てもこの複式を知っている人間はほとんどおらん。そこに本官は危惧を感じる。複式の教育はどうするのか、株式会社がスタートしてすぐに帳簿が付けられなければ株式会社制度自体が頓挫《とんざ》する可能性さえある。そんなリスクを冒《おか》してまで、わざわざ新しい帳簿方法を導入する必要があるのか」

森田「株式会社という形態自体が新しい制度です。その内容を熟知している人間などどこにもおりません。それでもこの新しい時代に株式会社が必要なことはどなたも感じておられるはず。複式も同じです。大資本による工場制機械工業という新しい産業の始まりが、この複式という帳簿を必要としているのです」

近衛「多くの資本家から巨額な出資を必要とするこれからの新しい産業には、それに相応しい新しい帳簿が必要だと、司法卿である私も美彩嬢と森田教授の話を聞いて痛切に感じました。私は複式を強く推したい」

順啓　（これで勝った、かな……）

　　　「ただ、僕はどこか違和感を感じます」

森田　（えっ？　なんで今そんなこと言うんですか？）

順啓　「違和感とは？」

　　　「前から少し感じていたんですが、何か異質なものが無理矢理つなげられているというか……」

森田　「順啓殿もそこにお気づきですか、さすがですな」

　　　（……？　私、違和感なんて感じませんけど……）

森田　「もともとこの貸借対照表と損益計算書は異なる表です。貸借対照表は財産の管理、損益計算書は損益の計算、二つの表は別々の目的があるのです。もともと異質なものなんですな。その異質な表を何かを使ってつなぐということは、そこにどうしても妥協が生まれる」

美彩　「でも仕訳自体が取引の原因と結果という二面性をそのまま記録しているものなんだし、それを表にしたものがつながっているのも当たり前のような……」

森田　「私もまだうまく言えないが、取引に二つの側面があるということは、どちらを重視すべきなのか、という駆け引きが必ず出てくる。その駆け引きの中で二つをうまくつながるようにするためには、どちらかが相手のために妥協しなければならない」

順啓　「男と女がつながるためには、絶えず男が女に妥協しなければならない、というのと同じですね」

美彩　「そんなことはありません。いつも妥協するのは女のほうです」

森田　「男女関係と同じように、貸借対照表と損益計算書がクリーン・サープラス関係を保つためには、どちらかに妥協が必要になってくる。これがどのような問題をもたらすのか、今はまだ分かりませんが、将来どこかで必ず大きな歪みを生じさせる気が……」

第9幕

清原家邸宅客間

―報告形式と経営指標―

ナレーション

美彩が法制審議会に参考人招致されてから半年後、株式会社法案が可決される。

施行までにはさらに半年を要するが、順啓は焼酎の販売会社を設立することを企画し、美彩に取締役になるよう要請する。

清原家の邸宅客間で美彩と順啓がお茶を飲んで談笑している。美彩は白地に紺の模様が描かれた小袖を着て髪を結わずに垂らしたままにしている。

美彩　「株式会社法案が可決されてホッとしました。ここまで長かったですね」

順啓　「新しい法制度が作られるには時間が必要だからね。この間に複式の普及もだいぶ進んだし、資本家たちの盛り上がりもすごい」

美彩　「私も複式の講師を何度もやりましたけど、自分が人に教える立場になるなんて予想もしていませんでした」

（そうよね、私が講師なんて……）

順啓　「とにかく美彩君の焼酎販売会社を株式会社第一号にしないとね。知り合いの司法省の役人に頼んであるから確実に第一号は取れるとは思うが。社名は『株式会社乃木ちこ』で本当にいいんだね。乃木という言葉に何か意味があるのかな？」

美彩　「その言葉がなぜか浮かんできて、語呂がいいなあと思ったので……。ちこというのは大分弁で語尾につける強調語みたいなものです。でも本当によろしいんですか？　焼酎販売会社を順啓様の資金で設立していただくばかりか、製造は大分の実家に任せていただけるなんて」

順啓　「君の実家に作っていただいた焼酎『複式の女神』があっという間に完売して、

酒造メーカーはいけると自信がついた。事業として純粋に儲かると思ったから投資してみる気になったんだよ……もちろんそれだけではないが……」

美彩　「私なんかを取締役にしても、大丈夫なんですか?」

順啓　「君は複式の生みの親じゃないか。本来であれば焼酎販売の顔として社長になってもらいたかったんだが、さすがにまだ若すぎるから」

美彩　「森田教授が社長を引き受けてくれて本当に助かりました。これからいろいろご迷惑をおかけするかもしれませんが、よろしくお願いします」

美彩は軽くお辞儀をする。

美彩　「そういえば、順啓様の新しい紡績会社の立ち上げは順調ですか?」

順啓　「清原紡績への出資はありがたいことに奪い合いになっていてね。頼むから少しだけでも入れさせてくれと毎日僕のところに人が来て大変だよ。僕のような商売に関しては素人同然の人間にこれだけの注目が集まるのは、複式少女である美彩君と親しいという、それだけの理由だと思っている。本当に感謝しているよ」

美彩　「とんでもないです、私なんて」

美彩は大きく両手を振る。

美彩　「紡績会社って巨大な会社になるんですよね。いったいどれだけのお金が動くのか想像もつきません。順啓様も焼酎の会社なんかに出資している場合じゃないと思うんですけど」

順啓「そんなことはない。僕は近い将来、乃木ちこの利益が清原紡績を上回ると思っている」

美彩「まさか……」

順啓「いや、これはまじめにそうなるよ。これからの日本人はものすごい勢いで消費することになる。大資本による工業化された企業は大量にモノを作るから、人々に消費を強要することになるからね。そうなると、嗜好品である酒のほうが莫大な利益を得られるはず、というわけだ」

美彩「そういうものでしょうか……」

順啓「そのきっかけを与えたのが君の複式だ。複式は単に帳簿の書き方を変えただけではない。投資というものに安心感を与えたことによって人々の暮らしぶりまで変えることになるんだよ。その影響力は百年以上均衡していた日本経済の天秤を大きく傾斜させる程のものだと僕は確信している」

美彩「傾斜する……」

順啓「少し偉そうなこと言うかもしれないが許してほしい。今までの日本経済は君の実家の衛藤酒造のような人的なつながりによる経営、つまりは同族経営によって成り立っていた。普通の庶民の親族が持ち合えるお金などたかが知れているから、それはどうしても小規模な商売にならざるを得ない。資本が小さいから設備を購入したり人を雇ったりもさほどできない。だから生産量も商品種類も少ない。その代わりにそれぞれが特徴的な商品を世の中に提供していた。そういう同族経営の店が日本中に数え切れないほどある。これはこれでなかなか趣《おもむき》があっていい社会だとは思うが、特定の貴族とつながることができたごく一部の商人だけが資本という力を得て、商売を拡大することができた。惣次郎殿の三本家もその一つだな。三本家は貴子様が陛下の第二后妃となられてから今のような大店《おおだな》となった。といっても、出資を受けるルールが存在しなかったから、三本家でさえ勝手に利益の分配の仕方を決めていたし、そもそも数年で清算することを前提とした有期限の投資しか存在しなかった。継続性がないから日本経済を支配するような巨大企業は現れなかったし、多商品を展開するものや他業種に手を伸ばそうとするものも少なかった。それは複式がなかったために多種大量な取引を正確迅速に記録する手段がなくて、出資者への分配計算の正確性を担保《たんぽ》することができなかったからだ——ちょっと話がつまらないかな？」

「とんでもないです。私も取締役になるんですから、順啓様みたいな頭のいい方からいろいろ教わりたいです」

順啓「まあ、僕は森田教授のように頭はよくないが……」

美彩は真剣な眼《まなこ》をまっすぐ順啓に向けたままにしている。それが眩しすぎるとばかりに順啓はふと目をそらし、テーブルに置かれた紅茶でのどを潤す。

順啓「君の複式と森田教授の株式会社は、その日本の投資環境を一変させる。それは家族数人でやっていた小さな商店が、従業員何百人、何千人、いや何万人の大企業に変貌《へんぼう》できるチャンスを誰でもが得られるようになるということだ。今までのように自分の娘が陛下のお手つきになる必要などない。自社の商品やサービスが他社よりも優れていて儲かるということをアピールさえできれば、投資をしようという人間がどんどん現れてくる、そういう社会になっていくということだ」

美彩「そうなればいいですが……」

順啓「少し難しい話をしすぎたな。何か菓子でも持ってこさせよう」

順啓はドアを開けて奥にいるはずの妻の和子に声を掛ける。

美彩「きちんとお礼を申し上げなければと思っていたんですけど、乃木ちこの資本金を全額出していただいてありがとうございます。少しだけでも出したかったんですが、私も親も今は全くお金がなくて……」

順啓「そんなことを気にする必要はない。森田教授も株式会社の本質は所有と経営の分離だといっているじゃないか。僕が所有し、君が経営する、それこそ株式会社なんだよ」

美彩「でも純一様にまで取締役になっていただいて……私はリスクをほとんど負っていないのに」

順啓「純一は自分でやりたくて取締役に立候補したんだよ。君と一緒に事業をやりたかったんだろうが……舞衣様の機嫌が悪くならなければいいが……でも君も取締役だよ。取締役だから《善管注意義務《ぜんかんちゅういぎむ》》を負うことになる。リスクはゼロどころじゃなくて、非常に大きい」

美彩「『取締役は株主から経営を委任されているのだから、善良なる管理者の注意を持って経営に当たらなければならない』ですよね。森田教授からさんざん言われました」

順啓「株主である僕は取締役である君に期待して経営を委任している。その期待に、是非答えてほしい」

美彩「頑張ります。私、負けず嫌いですし。自信しかありません」

美彩は大きな笑顔で答える。

美彩「いろんな人に焼酎を飲んでほしいという気持ちもありますけど、それ以上に株式会社乃木ちこ自体の魅力も高めたいと思っています。そのために今、乃木ちこの事業計画書を考えているところなんです」

順啓「事業計画書というのは、貸借対照表と損益計算書の予測ということかな」

美彩はあらかじめ用意していた大きな用紙を取り出した。

株式会社乃木ちこ第1期事業計画書

貸借対照表　（単位：百万円）

Ⅰ流動資産		Ⅰ流動負債	
現預金	80	買掛金	100
売掛金	200	Ⅱ固定負債	
商品	100	長期借入金	100
その他	20	Ⅲ資本	
Ⅱ固定資産		資本金	500
建物	400	利益剰余金	100
資産合計	800	負債資本合計	800

繰越商品は貸借対照表では《商品》と表示する。
貸借対照表のⅢ「資本」は現在は「純資産」というけど、
その話は第12幕で。

損益計算書　（単位：百万円）

売上高		500
売上原価		
期首商品棚卸高	0	
当期商品仕入高	300	
小計	300	
期末商品棚卸高	100	200
売上総利益		300
販売費及び一般管理費		
給料	50	
賃借料	20	
減価償却費	100	170
営業利益		130
営業外損益		
支払利息	30	30
当期純利益		100

順啓「損益計算書が借方、貸方と横に並んでないね」

美彩「利益の計算は縦に並べたほうが見やすいと思ったので縦を正式なフォーマットにしました。どうですか？　どうすれば分かりやすい報告書となるのか、すごく悩んだんですけど……」

順啓「確かに損益計算書は縦にしたほうが差額計算であることが分かりやすい。君のそういうみんなに分かりやすく伝えたいという気持ちが、株式会社では大切だと僕は思う」

美彩「ありがとうございます。私だけではなく法案作成に関わった全ての人が、どうしたら見やすくなるのか考え抜いていました。このフォーマットはその成果です。損益計算書が《経営成績》を示して、貸借対照表が《財政状態》を示しています」

順啓「なんと言っても大勢の人から資本金を集めようというんだから、報告書の見方なんかもアピールしないとね。美彩君自身も積極的に表現するといいと思うよ。株式会社乃木ちこの衛藤美彩取締役自らが会社の経営成績と財政状態を説明する、これって新しくていいじゃないか」

美彩「そういうの、確か英語でなんとかと言いましたね……ええと……」

順啓「英語で？　僕は思い当たらないな」

IR＝インベスター・リレーションズのこと

美彩「えーと、頭文字二文字で、確かIRとか、なんとか……」

順啓「IR？　聞いたことないな」

美彩「すみません、ただの当てずっぽうです。お気になさらないでください」

順啓「とにかく、君が会社の顔になることによって多くの人が投資をしたいと思うような会社になると思うし、僕は君にそれを期待している。多くの人から乃木ちこの株式を譲ってほしいと言われるような会社になってほしいな」

美彩「私にできるでしょうか……」

順啓「僕が全面的にバックアップする。君が表舞台で輝けるようにね。君が輝くことが僕の夢でもあるんだ。君は音楽女学校を出て本当は歌手になりたかったんだろう。それが複式という知識があるおかげで、複式少女から始まって今や株式会社の象徴のような存在になってしまった。君の歌いたいという夢からは真逆のような道かもしれないが、その道は意外と夢に一番近い道かもしれない。夢への道なんてどれが一番的確だったのかなど誰も分からないからね。だからいつか君がソロで活躍できるよう、僕がいつまでも見守り続けたい」

美彩「……」

（これって……私に対する……）

どう受け答えしていいのか分からず、美彩は困惑の目をしたまま顔だけ硬い笑顔を浮かべる。

順啓「もちろん、君が輝くことによって乃木ちこの会社としての価値が上がり、会社としての価値が上がれば株主である僕にとって最大の利益になるという打算もあるがね」

美彩の硬い笑顔が、柔らかな表情に変わっていく。

ドアがノックされ和子がお茶菓子を持って入ってくる。

和子「シベリアをお持ちしました。お口に合うかしら」

美彩「シベリア？」

和子「あら、ご存じないの。羊羹《ようかん》カステラのようなお菓子よ」

順啓「美彩君のような若い子はもっとハイカラなものが好きなんだろう。エクレアとかはないのか」

和子「ごめんなさい。今買いにやらせますわ」

美彩「いえいえ、とんでもないです。シベリアいただきます」

目の前に置かれたシベリアを一切れ勢いよく口に持っていって美味しそうに食べる美彩に満足して、和子は順啓の隣の席に座る。

和子「最近、うちの順啓さんと純一さんは美彩さんのお話ばかりしておりますので、どんな方かしらとわたくしも楽しみにしておりましたの。噂通り、お綺麗な方ね」

美彩「とんでもないです」

右手にシベリアを持ちながら、美彩は左手を大きく左右に振る。

和子「お綺麗なのに、複式とかいう素晴らしいアイデアを考えつかれたんでしょう。純一が夢中になるのも分かりますわ」

順啓「あいつには舞衣様というお付き合いしている方がおるんだがな。そろそろ婚約発表をしてふらつかないようにしないと」

和子「でもわたくしでもなんだか分かります。純一がそわそわする気持ち」

順啓「まあ、独身最後の期間に心が揺れ動くのは仕方がないかもしれん」

和子「あら、心が揺れ動いているのはあなたも一緒じゃなくて」

順啓「おいおい、美彩君の前でそんなことを言ってはいかんだろう」

美彩「お二人は仲いいんですね」

和子「そうでもないですわよ。毎日口喧嘩ばっかり。昨日も美彩さんを新しい株式会社の社長とすべきかどうかで延々と口論しましたのよ。わたくしは絶対美彩さんが社長になるべきだと思っています。これからの日本は若い女子の方がどんどん社会進出すべきですから」

順啓　「和子さんは女子の教育に熱心でね」

和子　「惣次郎様も日本で初めての女子大学を設立するために多額の寄付をされたそうですよ」

美彩　「惣次郎様が……」

順啓　「惣次郎殿は計算高いお方だから、教育に熱心なのも何かを計算してのことだろうが……それはさておき、さきほどから美彩君には株式会社乃木ちこの顔になってもらおうと話していたところなんだよ」

和子　「そうよね、美彩さんが表に出れば話題になりますわよ。乃木ちこではどんな焼酎をお出しになるの？」

美彩　「うちは麦焼酎なんです……実家が麦焼酎を作っているからというのもあって、芋より麦のほうが私も好きなんで」

和子　「焼酎には麦とか芋とかの種類があるのね。ごめんなさい、わたくし、焼酎は今まで飲んだことがないから何も知らないのよ」

美彩　「そうなんです！　焼酎を飲んだことがないという女性が多いんです！　だから女性でも美味しく飲めるフルーティーな飲み口の『美彩』という商品を売り出そうと思っています」

和子　「それはいいわね。あなたのお名前はもう有名ですから、それをそのままおつけになるのはいいと思いますわ」

順啓 「なにせ人口の半分は女性だから、女性が飲むようになればそれだけで需要は倍だからね」

美彩 「『美彩』は昔ながらの単式蒸留器を使った本格焼酎というものなんですけど、順啓様から強い要望で新式焼酎『ハイカラ焼酎』も出そうと計画しています」

和子 「新式？」

美彩 「最新式の連続式蒸留器をイギリスから輸入して作る焼酎です。機械の購入代金も順啓様が私の実家に貸し付けてくださることになっていて……本当に申し訳ないです……その機械を使った焼酎は癖がなくピュアな味なのでジュースとかで割って飲むとカクテルみたいで美味しいんですよ」

順啓 「それに連続式蒸留器は大量生産に向いているから、安くて大量にいい製品を市場に出せるからね」

和子 「安くて大量に、って今流行《はやり》ね」

順啓 「美彩君の複式と株式会社が日本に資本主義経済をもたらしたからね。その第一号が株式会社乃木ちこなんだから、『いいものを安く大量に！』をスローガンにしないと」

和子 「女性取締役第一号として是非頑張ってね」

美彩「大丈夫です。自信しかありませんから！」

眩しいくらいの笑顔を美彩は和子に向ける。

和子「頼もしいこと。これからの女性はこうでなくてはね」

順啓「僕は資本家としては『ハイカラ焼酎』を大量に売ることを乃木ちこに期待しているが、個人的には本格焼酎『美彩』が世の中に知れ渡ることを望んでいるよ。たとえ飲んだことがなくても、ああ、あのプレミア焼酎ね、と噂になるような存在になってほしいと願っている。人は手に入りそうで入らないものに憧《あこが》れるからね。しかし全く手に入らないものではすぐ欲望が切れてしまう。そのバランスが絶妙なほど、多くのものを熱狂させる。それを美彩君という類《たぐ》い稀《まれ》な存在によって現実化することが僕の夢でもある」

和子「あら、それじゃあ美彩さん自体を売り出したいみたいに聞こえますわよ。まるで愛の告白みたい」

順啓「和子さんを目の前にしてそんな大胆なことは僕にはできませんよ」

和子は笑いながら美彩が広げた事業計画書を見る。

和子「これが複式の帳簿から作られる報告書なの？　損益計算書が左右に並んでいないのね」

美彩「みなさんそこを気にされますね……」

本来は《特別損益》もあるけど ここでは無視.

和子「複式って、借方と貸方の左右に並べることだけは有名ですから。中身はわたくしは分かりませんけど……この損益計算書って、利益の種類がたくさんあるけど、これはなぜなの？」

美彩「どうやって最終的な利益が生まれたのかが段階的に分かるように工夫したんです。《売上総利益》は売上高から売上原価を引いた利益で、商品を販売して獲得した利益のことです」

順啓「粗利益《あらりえき》のことかな」

美彩「それぞれ、それでです。粗利益と売上総利益は同じ意味です。次の《営業利益》というのはそこから《販売費及び一般管理費》という会社を経営するのに通常かかるコストの分類を引いた利益で、さらに支払利息なんかの財務費用を引いて《当期純利益》を出します」

和子「利益にもヒエラルキーがあるのね。世の中、全て階級ということでしょうか」

美彩「ヒエラルキーって天使の階級のことですよね。でも、いろいろな利益があるのは階級とかいう意味じゃなくて、分かりやすく段階的にしているだけなんですけど」

順啓「だがこのように利益を分類しても、株主にはあまり関心がないというか、結局いくら儲かったのか、しか興味がないものだけどね」

ROEは本当は《株主資本》で割る

$$\mathrm{ROE} = \frac{\text{当期純利益}}{\text{株主資本}}$$

和子「そういうものですの?」

順啓「だから清原紡績では当期純利益を使って投資効率を測るＲＯＥ《ろえ》という経営指標を使うつもりでいる」

美彩「エロ?」

順啓「エロじゃなくて、ＲＯＥ《ろえ》だよ。英語のReturn on Equityの頭文字をとってＲＯＥ」

(やっちゃった……)

美彩は恥ずかしそうに両手で頭を抱える。

順啓「僕が考えたオリジナルの指標なんだ。ＲＯＥは当期純利益を貸借対照表の資本の部合計で割った比率で、投資した金に対してどのくらいの効率でリターンを稼いでいるかを示している。清原紡績はＲＯＥ30%を目標にすると対外的に宣言しようと考えている」

和子「順啓さんは効率がお好きね」

順啓「効率は僕だけでなく資本家ならみんな好きさ。でもそれを一番に考えない人もいる。惣次郎殿だ。惣次郎殿は清原紡績とほぼ同時に三本紡績を立ち上げる準備に入っていたが、その投資家説明会で売上高第一主義をとると宣言されていた。惣次郎殿は効率ではなく規模を重視しているということだね」

「ワープマンの目標値」のこと

和子「規模というのは具体的にはどのように計測しますの?」
順啓「確か綿製品でのシェア74%を目標としていたかな」
和子「ずいぶん具体的な数値を出されているのね。74%という数値に何か意味がおありですの?」
順啓「どこかの数学者が考えたようだが、市場シェアを74%とると市場をほぼ独占している状態となるそうだ」
美彩「規模だけを重視するということは、大量に生産して、それを格安で売るっていうことですよね。それって、赤字になるリスクがあるんじゃないですか?」
順啓「赤字も辞さない考えみたいだね。短期的に確実な利益を追求する僕のような考えの投資家はついていけないが、市場シェアを独占した者が勝つのは確かだから、将来の爆発的な利益を望む投資家がたくさん集まったようだよ」
和子「確かにシェアを74%もとってしまえば自社の製品で市場をコントロールすることだって可能になるでしょうね」
美彩「強者の論理っていう感じ」
美彩が小さな声で呟いた。
順啓「まさに美彩君が言う通り。赤字覚悟で規模を拡大するには莫大な資金が必要だろうから、大資本でなければとても採れない戦略だ。それだけ三本惣次

和子　郎は大商人だということだね」
「惣次郎様は規模、順啓さんは効率を重視されていらっしゃるなんて、対照的なお二人ね」
順啓　「僕のほうが今風のスマートな経営だと自負しているんだけど、どうですか？」
和子　「効率ばかり重視していると人間味がなくなりますわよ」
順啓　「これは手厳しいね。でも経営効率を重視するのは、美彩君がもたらした複式があったからともいえるんだよ」
美彩　「私のせいですかあー」
順啓　「株主の持分である資本と経営成績である利益を複式によって明確に計算できたからこそＲＯＥという指標も生まれたんだしね。数字をいくつか示されると、それをこねくり回してなんとか使いたくなるもんだよ、人間って」
美彩　「株主の方が当期純利益にしか興味がないなら、損益計算書をもっとシンプルにする手もありますね……こんな感じとか」
美彩が書類に表を書き始める。

損益計算書　（単位：百万円）

収益		500
販売費用（売上原価）	200	
従業員給付	50	
減価償却費	100	
その他の費用	50	400
当期純利益		100

↑

費用性質法による形式

和子　「今度はずいぶんすっきりした表になりましたわね」

順啓　「僕はこれでもいいと思う。もちろん森田教授と美彩君とで作成した計算書類は株主だけでなく、経営者や従業員、それにこれから投資をしようとしている投資家にも使いやすい表なのだから、まずはこれを普及させないとね」

和子　「そういえば最近新聞で貸借対照表や損益計算書などを計算書類という名称

ではなくて《財務諸表《ざいむしょひょう》》と書いているのを見ますが、これも正しい言い方なんでしょうか？」

美彩　「その名前聞き覚えがあります……」

順啓　「会計の報告書のことを英語ではFinancial Statementsと言うらしいから、それの訳を使っているのだろう」

美彩　「《決算書》というのも見たことがありますね」

順啓　「どれも決算を行なった報告書という意味で使われているが、財務諸表というのが一番しっくりくるね」

和子　「順啓さんは洋式がお好きですから……そういえば美彩さんも洋風の顔立ちね。彫りが深くて本当にお綺麗……純和風のわたくしとは大違い」

順啓　「和子さんも美彩君に負けていないよ」

和子　「あら見え透いたお世辞はやめてくださいな。順啓さんが美彩さんの美しさに憧れて応援されているのは見え見えなんですから」

順啓　「そんな誤解を受けるような言い方しないでくれよ。……僕は複式を生んだ美彩君の才能に惚れ込んで応援しようとしているだけなんですから……」

和子　「でしたらよろしいですけど……。順啓さんに負けず、わたくしも美彩さんに期待しておりますのよ。女性取締役第一号としてね。ちょうどいい機会だから、美彩さんの経営者としての目標を伺いたいわ」

順啓 「経営理念とかいうやつだね」

美彩 「経営理念ですか……」

美彩は腕を組んで考え込む。

美彩 「私は複式簿記の知識を活かして健全な利益の追求をしたいです！」

和子 「どういう意味ですの？」

美彩 「会社には株主だけではなく、多くの人が関わっています。従業員も取引先の人も、そして商品を買ってくれるお客様も。そういう方たち全員が納得する、健全な利益を追求したいです！」

順啓 「健全な利益か。面白いことを言う。利益にも健全と不健全の二つがあるとはね。複式の女神らしい」

幕間

乃木ちこ事務室　リーダーとフォロワー

ナレーション

美彩が順啓宅で健全な利益の話をしてから数日後、真冬が突然いなくなる。長屋にあった荷物も全てなくなっていたため、田舎に帰ったのだろうとみんなは考えたが、自分に何も言わずに帰るなんてと美彩は釈然としなかった。

そして半年後。株式会社法は正式に施行された。大資本による会社経営という新しいスタイルに資本家たちは熱狂する。至る所で出資募集のパーティが行なわれ、さまざまな株式会社が立ち上がった。

乃木ちこも株式会社第一号として無事設立され、営業開始の日を迎える。

乃木ちこ事務室で美彩がアールデコ調の大きな花リボンがついた黒いクロッシェハットをかぶって貴己と談笑している。

純一「二人とも早いね」

純一が乃木ちこ事務室に入ってくる。

貴己「純一君も眠れなかったのかな。僕たちも眠れなくてこんなに早く来てしまった。今日はなにせ乃木ちこの記念すべき営業スタートの日だからね」

純一「それもあるけど、実はいいことを聞いてきましてね」

美彩「真冬の居場所が分かったとか？」

期待に満ちた笑顔を美彩は純一に向ける。

純一「いや、真冬君は田舎に帰ったらしいということしか分からない」

美彩「連絡もまったくこないし、どうしたんだろう……」

貴己「病気とかいうわけではないようだし、そのうちひょっこり現れるよ」

純一「いい話というのは、貴族のお嬢様たちが焼酎貴婦人倶楽部なるものを立ち上げ、君を会長に推そうという動きがあるらしいということなんだ。たぶん焼酎が好きだというより、美彩君が焼酎の会社を立ち上げることを聞きつけて、君と何かをしてみたいという興味本位からだろうけど」

美彩「でも、それでもありがたいなあ」

貴己　「貴婦人が焼酎というのは想像がつかないけどね」

美彩　「そういう偏見がいけないのよ！」

貴己　「ごめん、ごめん。自分が焼酎会社の経営に携わろうとしているのに失敬した」

美彩　「私たちがそういう偏見を壊さないと！　叩きつぶして粉々にするのよ！」

純一　「過激ですね」

美彩　「綺麗な女性ほど焼酎が似合う、そういうイメージをつくりあげるの」

純一　「美彩嬢でお淑《しと》やかなイメージつくかなあ……」

美彩　「うるさい」

きつい目で美彩に睨まれ、純一は頭をかいて舌を出した。

貴己　「お酒を女性に流行《はや》らせるなら、貴族の婦人たちから攻めるのはいい手だね。焼酎貴婦人倶楽部は大いに使えると思うよ」

純一　「複式少女が先頭に立って救世主のごとく貴婦人たちを引き連れ行進する様《さま》は絵になりますね」

美彩　「でも社長は私じゃなく森田教授なのに、私がそんなに前にしゃしゃり出ていいのかな」

貴己　「森田教授は社長として君の上に立つとはきっと思っていないよ。教授は君のことを同等の仲間だと考えているはずだ。そうじゃなきゃ、帝大教授という職をなげうってできたばかりの焼酎会社の社長など引き受けやしないよ」

純一　「森田教授は美彩嬢のことを複式の女神として称《たた》えているしね」

貴己　「君と森田教授が同等の仲間として経営に当たるからこそ、乃木ちこは必ず成功すると僕は信じている。信じているから君についていくと決めている。それは純一君も同じだと思うよ」

純一　「美彩嬢は人に対する伝播力《でんぱりょく》というか、どうしても抵抗できない伝染力みたいなものがあるからなあ」

美彩　「そんな風に言われると自分が生命力の強い細菌みたいに思えてくる」

純一　「まあ、同じようなものでしょうけどね」

美彩　「やめて、茶化すのは」

貴己　「今はまだ女性が焼酎を飲むという風習というか、習慣がない。焼酎なんか飲んだことがないという女性が圧倒的に多い。だからまず、焼酎は女性でも美味しく飲めるということを気づかせてあげる必要がある」

純一　「美彩嬢が率先して大好きな焼酎を朝から飲んだくれていればいいんじゃないかな」

美彩は純一の言葉を無視するように貴己のほうへ体ごと向けた。

美彩　「私、焼酎貴婦人倶楽部の会長になる！　会長になって女性限定のお洒落なパーティとかを開いて焼酎のいろんな飲み方とか、焼酎に合う料理とかを研究したい！」

純一「やっぱり飲むんじゃないですか」

純一は顔を無理矢理美彩の前に出してきて憎まれ口をきいた。

貴己「焼酎を飲む理由を与えることも必要かもね。確か焼酎は血栓《けっせん》を溶かす効果があったり、血行をよくする効果があるんだよね。それを積極的に使おう」

美彩「ワインはポリフェノールが豊富に含まれていて、お洒落な感じがするうえに健康にいい。そういうイメージって大事よね。でも焼酎は適度に飲めば酔いも残らないし、私は断然焼酎を推したい」

貴己「それと焼酎というのは蒸留酒としては珍しく食事中に飲む食中酒としても美味しいということも、もっとアピールしていいかもしれない」

美彩「大分では食事中に飲むのが当たり前だよ」

純一「大分では、とかじゃなくて、君にとって当たり前なだけでは……」

美彩「今日の純一さん、なんでそんなに絡んでくるの？」

貴己「純一君は乃木ちこを美彩君と一緒に経営するのが楽しみで仕方がないのさ。素直じゃないからね、お坊ちゃまは」

純一はそんなんじゃない、とばかりに自分の机の椅子にどっかりと腰掛ける。

美彩「私も蒸留酒がヨーロッパではあまり食中酒としては飲まれないのは知ってる。ウィスキーはアルコール度数が43％前後と高くて食後酒として飲むのが普通。食事中はワインかビール。度数が高いとお酒を飲むのが主になってしまって食事には向かないのよね。焼酎は25度前後のものが多くて、蒸留酒にしては珍しいほど度数が低いうえに、さらにお湯や水で割って飲むのが普通だから食中酒でもいける」

貴己「お湯を入れても美味しいお酒というのは意外と少ないから焼酎はそこもアピールポイントだね」

美彩「私はストレートで飲むけど」

純一がまた何か言い出そうとするのを、美彩は目で威嚇《いかく》して押し止める。

貴己「美しい女性は焼酎を飲むものだという空気感というか、雰囲気というか、そういう流れを創り出したいね」

美彩「そうなったらいいな」

貴己「それと日本人は商品の背景を知りたがる傾向があるから、うちの商品のコンセプトを積極的にアピールしていこう」

美彩「それには焼酎の作り方による味や香りの違いをもっと知ってもらう必要があると思う」

純一「単式蒸留器か連続式蒸留器かによる違いとか？　……そういえば今まで気づかなかったけど、単式とかって、複式に似てるね」
美彩「ほんとだ。私も今気づいた」
純一「いっそのこと、うちだけ連続式蒸留のことを『複式蒸留』と言い切って売り出しましょうか。単式と複式、これなら複式嬢の知名度を有効活用できます。こういうのは言ったもん勝ちでしょうし」
貴己「それも面白いかもしれないけど、本格焼酎である単式蒸留が、複式蒸留つまり連続式蒸留に劣っている感じがしないか？」
純一「そうかあ……じゃあダメかなあ」
美彩「蒸留方法の違いだけなく、麹の種類とか濾過《ろか》の仕方、貯蔵の方法や期間などによっても味は大きく変わるよ。麹には黄麹と白麹、黒麹があるし、濾過の方法も無濾過、荒《あら》濾過、竹炭濾過といろいろあるの。私は製品の特徴を出しやすい荒濾過がお薦《すす》め」
貴己「麦焼酎『美彩』は黄麹を使うからフルーティーさが特徴とか、宣伝方法を工夫してコンセプトを知ってもらおう」
純一「広告はお金がかかりますよ」
貴己「あまり広告に予算は割《さ》けないから、やっぱり美彩君の影響力に期待しないと」

美彩「大丈夫！　焼酎に関しては自信しかないから」
貴己「複式以上に自信に溢《あふ》れているね」
純一「この前ラジオ放送が始まっただろう。あれで宣伝できないかなあ……そうだ、僕の友達がラジオ放送の編成に携わっているんだった。今から早速掛け合ってくる」
純一が急いで外に出て行く。
美彩「行っちゃった……」
貴己「乃木ちこのために働きたくていても立ってもいられないんだろう」
美彩「今、何時？」
貴己が懐中時計を取り出して時間を見る。
貴己「まだ八時だよ」
美彩「始業までまだ一時間以上ある。少し休んじゃおっと」
美彩は机にほおずりしていて、しばらく動かない。
貴己が書類を取り出そうと机の棚を開けると、美彩は急にぴくっと体を震わして慌てて立ち上がる。淡いえんじ色のタイトミニのワンピースを着ている美彩を見て貴己は少しまごつく。
美彩「私寝てた？」

貴己 「起こしちゃった？　まだちょっとしか経っていないから、寝てていいよ」

懐中時計を見ながらそう答えた貴己は美彩の髪を指さす。

貴己 「髪、崩れちゃってるよ」

あっ、と言って美彩は頭を押さえる。綺麗に押さえつけていた髪が乱れている。慌てて手鏡をバッグから取り出し髪を直そうとする。

美彩 「ダメだ、うまくいかない」

そう言うと美彩は髪留めピンを外し、バッグからゴムを取り出してポニーテールに結び直す。

美彩 「これじゃあせっかくの帽子がかぶれないや……」

ポニーテールにした髪の毛を美彩は手で上に持ち上げて微笑む。

貴己 「そっちのほうが似合うよ」

貴己が指さしながら笑う。

美彩 「ありがとう」

貴己 「今日は事務処理もいろいろあるだろうからこれから長丁場になると思うよ」

美彩 「じゃあ、体力残しておかないと。もう一度寝ちゃおうかな」

美彩はいたずらっぽく笑うと席に着いて顎を机の上に載せ目をつぶる。貴己はその横顔をじっと見つめる。

ふと美彩は大きな瞼を開けて貴己を見返す。

美彩「私の顔見てた？」

貴己「うん。ダメだった？」

美彩「やけどするよ」

株式会社会計発展編

第10幕

鹿鳴館舞踏室

―実現主義と発生主義―

ナレーション

株式会社法の成立とともに所得税という新しい税金の導入が議論されたが、殖産興業《しょくさんこうぎょう》の名の下に株式会社への課税は先送りされることが決まった。実態は清原順啓や三本惣次郎たち、大資本家や大商人が貴族議員たちに強く反対を働きかけたためだった。

個人への所得税のみ導入されたが、最終的に一律2％という低い税率となってしまったのも、順啓・惣次郎たちの暗躍によるところが大きかった。

しかし大量生産と大量消費という新しい欲望に熱狂している庶民たちは順啓・惣次郎たちの暗躍など気にもとめなかった。

それからさらに三年が過ぎる。熱狂は落ち着き、冷静な選別がされ始めようとしている頃、衛藤美彩と〈この世界の美彩〉との融合が進み、頭の中で声が聞こえるということもほとんどなくなっていた。

鹿鳴館舞踏室の隅。美彩が純金のチョーカーをつけ黒いシルクドレスに身を包んで純一、舞衣と丸いテーブルを囲んで談笑している。

ウエイターが新しい飲み物を持って来る。

美彩　「焼酎ありますか？」

ウエイターは怪訝な顔をする。

ウエイター　「ございません」

冷たくあしらわれ、仕方なく美彩はシャンパンを手に取る。純一も舞衣もこれにならいシャンパンを手にする。

純一　「もうすぐパネルディスカッションの時間ですね。それにしても、美彩嬢が登壇するからだろうけど今日はものすごい人になりましたね」

美彩　「私じゃなくて、〈香港企業爆買い騒動〉の結末をみんな見たいだけですよ」

舞衣　「そんなに大きな問題ですの？　売上がいくらだとかが」

美彩　「それは大きな問題に決まってるじゃないですか。だって売上が違えば利益だって違ってくるでしょ！　そんな簡単なこと分かってなかったの？」

美彩がシャンパンを一気に飲む。舞衣が純一に耳打ちする。

舞衣　「最近、美彩さんのお言葉遣い、ますますちょっと……」

純一　「やんちゃの度合いが増しているというか、まるで僕たちの先輩のようですが……それが美彩嬢のよさかと……」

舞衣「でもちょっと飲みすぎではありませんこと……」

純一「そうですね、これからディスカッションなのに大丈夫なのでしょうか……」

美彩「そこ、何こそこそ話してる？」

純一「いいえ、別に……」

純一が直立不動の姿勢を取る。

舞衣「今日は貴己さんや森田社長はお呼びになっていないの？」

美彩「貴己さんは地方営業。森田社長は……最近、話をしていないんで」

舞衣「話をしていない？　どういうことですの？　社長と話をしていないだなんて」

純一「社長はいつも事務所だけど僕たちは営業で全国を駆けずり回っているから、会うことがあまりないんですよ。夜遅くなって僕たちが事務所に戻る頃にはもう帰宅してしまっているし……」

舞衣「でも森田社長は美彩さんと一緒に会社をやれることをあんなに喜んでいらしたのに。なんだか仲間外れみたいでお可哀想……。純一様も働きすぎですわ。わたくしたちの婚約も延期したままですし……」

惣次郎が見知らぬ男を一人連れて美彩たちのテーブルに加わる。

惣次郎「これは舞衣様、美彩嬢。今日もお綺麗だ。美彩嬢は黒いドレスも似合うの」

美彩「いえいえ、とんでもないです」

美彩が大きく手を左右に振ると舞衣はちょっと不満そうにする。

惣次郎「皆に新聞記者の木下君を紹介しよう。今日の司会をお願いしておる」

木下「関東日日《にちにち》新聞の木下と申します。お見知りおきを」

一同礼をする。

惣次郎「木下君は今回の香港企業爆買い騒動の取材を丁寧にしている記者での。司会にはうってつけだとわしがお願いした。もちろん司会は公平にやってもらう。美彩嬢もお手柔らかに頼むぞ。今回の件ではわしは100％自信を持っておるが、君はまさか乃木ちこの株主だからといって順啓殿を応援するのではなかろうの」

美彩「私は健全な利益を計算している方を応援します」

木下「健全な利益というのは、確か乃木ちこの社是《しゃぜ》でしたね。三本紡績と清原紡績、どちらがより健全だと」

美彩「それは、費用に関しては三本紡績かと……」

惣次郎「そうか、美彩嬢も味方してくれるか。複式少女である美彩嬢がこちらについてくれたとなるとこの勝負、勝ったも同然じゃ」

惣次郎は呵々《かか》と笑いながら大きく頷く。

木下　「今回の騒動で芋づる式に判明した費用の計上方法の違いですね」

惣次郎　「わしは商人として長年培《つちか》ってきた経験というものがあり、何をもって売上とすべきか、費用とすべきか、体にしみこんでおる。こう言っては何だが、資本家のお坊ちゃまとはわけが違う」

美彩　「費用に関しては三本紡績が正しいと思います。清原紡績のように代金を支払ったときに費用を仕訳していたのでは、支払いがなければいつまでも費用が発生しないことになってしまっておかしいですよね」

木下　「具体的に、何がいけないのかな？　清原紡績の清原社長は複式にも造詣《ぞうけい》が深いはずですが」

美彩　「例えば事務所の家賃が月三〇万円として、大家さんが請求してこなかったのでいつまでも支払わなかったら費用を計上しなくてもいいでしょうか？」

純一　「支払っていないのだから、費用も発生していないのではないでしょうか」

美彩　「本当にそう思う？　それが正しいと胸を張って言える？」

純一　「いや、そう言われると……」

舞衣　「でもお金をお支払いしていないのよね、だったら財産が減っていない、つまりコストがかかっていないのですから、費用の仕訳も書きようがないので

賃借料 300,000 / 未払金 300,000　　賃借料 300,000 / 現 金 300,000

はありませんこと?」

美彩　「清原紡績はそう考えて、お金を支払ったときに初めて家賃の仕訳を計上していました。それって確か《現金主義》とかいったと思います」

木下　「現金主義……これは初めて聞く言葉ですな。では三本紡績は何主義だと?」

美彩　「三本紡績はモノを消費したりサービスを受けたときに費用の仕訳を計上しているんですよね。これは《発生主義》といったかと思います」

木下　「その発生主義とやらで処理すると具体的にどう違うんですか」

美彩　「一ヶ月間事務所を使うというサービスは賃料三〇万円のお金を支払っていなくても月末になればすでに受けていますよね。そこで会社を運営していたんですから、経営コストとしての費用は発生しているということです。だから費用を計上しなきゃ!　でも代金はまだ払っていない。なので《未払《みばらい》金《きん》》を使って仕訳します」

木下　「未払金は将来財産を減らすマイナスの財産だから負債の勘定科目ですね」

美彩　「よくご存じで」

惣次郎　「木下記者は今回の騒動を取材するにあたって複式をかなり勉強したそうだ」

木下　「もう一ついいですか。清原紡績は前期に二年分の賃料を支払い、全額前期の費用としています。現金主義だからですね。だから今期の賃借料はゼロと

第3期決算整理仕訳
前払費用 3,600,000 / 賃借料 3,600,000

なっている。これは発生主義からすると間違いということになると思いますが、ではどう処理すればよかったんでしょうか」

美彩　「前払いの処理ですね……例えば前期である第三期に二年分の賃料七二〇万円を支払って、そのうち第四期分が半分の三六〇万円あったとしますね。この第四期分は第三期分の費用ではないわけですから、第三期の決算整理仕訳でこの分の費用を取り消します」

木下　「費用の取り消しだから、貸方に計上する？」

美彩　「さすがですね。その通りです。そうすると残っているのは借方だけですけど、ここには《前払《まえばらい》費用《ひよう》》という資産の勘定科目を持って来て第四期に繰り越します」

舞衣　「あら、でも資産というのはプラスの財産のことですわよね。前払費用というのは財産として価値があるんですの？」

美彩　「鋭いですね、舞衣様」

舞衣はにこっと笑い軽くお辞儀をする。

美彩　「前払費用は資産の勘定科目ですけど、財産としての価値はありません。これはあくまで会計上のテクニックなんです。費用を翌期に繰り越すためのテクニックのためだけの資産です。費用を前払費用という塊《かたまり》に圧縮して翌期に

第4期期首
賃借料 3,600,000 / 前払費用 3,600,000

繰り越してしまう、そんなイメージです」

純一「資産価値のないものを会計上のテクニックのためだけに財産という重要な情報として載せてしまっていいんでしょうか？」

美彩「痛いところを突きますね、純一さんも……前払費用は資産として貸借対照表に載ってしまいます。というか貸借対照表に載せるから翌期に繰り越せるんですけどね……でもそれは費用の塊でしかない……といってもこの前払費用にも向こう一年間は賃借料を払わなくても事務所が使えるという意味の価値はあるよ」

純一「その費用の塊は翌期にはどうなるんですか？」

美彩「翌期の期首に塊を解凍して費用に戻すの。つまり逆の仕訳をするんです。借方に賃借料、貸方に前払費用」

木下「その仕訳で第四期に費用が繰り越せるということなんですね。こんな仕訳は思いつきもしなかったなあ……貸借対照表に資産価値のないものが計上されることには疑問がありますが、経営成績を重視すれば明らかに美彩さんのおっしゃる発生主義のほうが合理的なように思えます……。やはり複式少女としての美彩さんの実力は噂通りですね。美少女なうえに閃《ひらめ》きが素晴らしい」

美彩「いえいえ、とんでもないです。それにもう美少女という歳では……」

美彩は恥ずかしがるように手を振る。

木下　「残るは今回の騒動の主題である売上の計上方法だけか……」

木下が懐中時計を見る。

木下　「そろそろ時間でしょうか」

惣次郎　「順啓殿はどちらにいらっしゃる？」

純一　「僕が探してきます」

純一が会場の中央へ駆けだし、順啓を連れてきて、木下を紹介する。

純一　「今日の司会をしてくださる木下記者です」

木下　「関東日日新聞の木下と申します。今回の三本紡績と清原紡績の騒動は世間の関心が非常に高い。利益の計算に直接関係のあることですからね。ここがはっきりしないと、美彩さんがせっかく広めた複式がいかに帳簿として優れていても、投資環境はまだまだ整備されていなかったといわざるを得ないと僕は考えていますが、いかがでしょうか」

順啓　「せっかく日本に株式会社が根付いてきたのに投資に対するそんな否定的な言い方はやめていただきたいな」

木下　「だからこそ、今日この場で複式少女である美彩さんを含めたお三方で決着をつけるのが日本経済にとっても有意義だと思うんです。もう時間ですね」

木下が懐中時計で時間を確認し、会場の前方に設けられた壇上に駆け上がる。

木下　「会場にお集まりのみなさん。ご静粛に願います」

一呼吸置いて木下が続ける。

木下　「ではこれから、本日のパーティの主催者でいらっしゃる清原紡績社長清原順啓侯爵と三本紡績社長三本惣次郎伯爵《はくしゃく》が、今世間で話題となっております香港企業爆買い騒動について、複式簿記の生みの親であり複式少女として名高い衛藤美彩さんとともにパネルディスカッションをしたいと思います」

会場からざわめきが沸《わ》き起こる。

木下　「では早速登壇していただきましょう。清原侯爵、三本伯爵、衛藤美彩さん、前の机にどうぞ」

三人が前に現れ、一礼すると席に着く。

木下　「司会は私、関東日日新聞の木下が務めさせていただきます。ではまず私のほうから今回の騒動の事実と論点を確認したいと思います。清原紡績と三本紡績は設立も同じ三年前の四月一日、このため本日設立三周年記念パーティを合同で催しているわけですが、この両社は決算日も三月末日で同じです。会計期末が三月三十一日で同じであるということが後で大きなポイントとなりますから、みなさんお忘れなく。そしてもう一つのポイントは、この同じ日に生まれた同業種の二つの会社が、経営方針については真逆であるということです。清原紡績はＲＯＥ30％を経営目標とし投資効率重視の経営。これに対し三本紡績はシェア第一主義で規模重視の経営。ここまでが前提となるお話ですが、みなさんよろしいでしょうか」

鹿鳴館に集まっている紳士淑女の様子を確かめて木下は話を進める。

木下「この同業種でありながら対照的な二つの会社の綿製品を、この三月、香港企業の日本子会社である株式会社香港洋行社が大量に買い占めました。そして両社とも同じ三月末日にその製品を横浜にあるこの香港洋行社に向けて出荷しました。偶然にも全く同じ日である三月三十一日にです。この爆買いのおかげで一時期日本の市場から綿製品が消えてしまい社会問題になったぐらいの大量買い付けでした。ですが、それだけであれば日本の紡績業の品質が世界に認められたと喜ぶこともできたわけですが、ところがです。両社の計算書類が発表され、配当に関するお知らせを見て投資家たちは一様に驚いた。二つの会社でこの売上に関する会計処理が全く異なっていたからです」

木下は用意されていた水差しの水をコップに注ぎ一口飲む。

木下「清原紡績では香港洋行社への販売は第三期——つまり前期です——前期の売上として計上されたのに対し、三本紡績では第三期ではまだ売上の計上をしてておらず、第四期——つまり今期です——今期になって初めて売上を計上しているのです。両社合わせて一〇〇億円を超える規模の売上です。これほどまでに違うと、当然利益も大きく両社で異なり、配当も全く異なっていますす。清原紡績は過去最高利益となり配当額は日本最高記録となったことはみなさんもご存じでしょう。清原紡績の株を持っておけばよかったと僕でさえ思いましたからね。これに対して三本紡績は第三期はなんと赤字で終わって配当はもちろんゼロでした。こんなことがあっていいのかと両社の株主だけではなく、資本家、世間一般を含めて大きな注目を浴びました。ここでお二方に伺います。なぜここまで売上に関する会計処理が異なるのか。なぜご自身の会社ではそのような処理をしていたのか、その理由を分かりやすくお話ししていただけませんか」

順啓

「では私から。売上についてですが、清原紡績では製品を卸《おろし》業者などに販売するとき、毎回運送業者を使って出荷しています。今回の香港企業への販売もです。製品を運送業者に託してしまえば製品が相手方に届くのはほぼ確実であり、もし事故等があれば運送業者がその責任を負います。つまり清原紡績にとって製品の代金がもらえないという危険はもうないのです。したがって運送業者に製品を渡した時点で販売したという状態が確実となったと私は

4/15 売掛金 100億円 / 売上 100億円　　3/31 売掛金 100億円 / 売上 100億円

考えました。具体的には運送業者から入手した送り状の控えに書かれている日付をもって売上の仕訳をしております。したがって今回の香港洋行社への売上も、運送業者の送り状の日付である三月三十一日——つまり前期の売上として仕訳しました。運送業者作成の日付ですから製品を販売したという事実の証拠としても確実であり、全く問題ないと考えております」

木下「美彩さん、この清原紡績の処理方法はなんと名付ければいいでしょうか」

美彩「ええと、《出荷基準》……とでもいえばいいかと」

木下「出荷基準としての妥当性はまた後で議論するとして、三本紡績の売上はどのような基準で計上されているのでしょうか」

惣次郎「三本紡績では、製品を納入した相手方から必ず検収書を入手する。検収書は相手方に製品に種類違いや破損がないかを調べてもらい、検収が完了してから入手しておる。今回の香港洋行社からは検収書を四月十五日——つまり今期になってから受け取った。だから、前期に売上はあげておらんわけです」

美彩「《検収基準》……がいいかと」

木下「美彩さん、三本紡績の処理方法はなんと呼びますか?」

木下「販売先も同じで発送した日も同じという取引で、これほどまでに売上のあげ方が違うと、いったい株式会社の会計にはルールがあるのかと言いたくな

「企業会計原則」に定義されている

る、とここに集まっている皆様が思っているはずです。美彩さん、その点について一言」

美彩「売上の計上にルールがないわけではないんです。『売上高は、実現主義の原則に従い、商品等の販売又は役務《えきむ》の給付によって実現したものに限る。』という指針を発表しています。ご存じないですか？……おかしいなあ……結構宣伝したんだけど……森田教授——もう乃木ちこの社長ですから教授ではないですけど——当時の森田教授と私とで一生懸命考えて作ったんですよ。私なんかいまだにこの文章暗記しちゃってますから」

木下「美彩さんはこれだけの聴衆の前でも堂々としていますね」

美彩「私、意外とトークは得意なんです。物怖《ものお》じしない性格だし」

木下「美彩さんというと笑顔が印象的なレディーというのが僕の認識でしたが、活発な美少女というのが合っているかもしれませんね……だから複式少女と呼ばれているわけですか」

美彩「いえいえ、とんでもないです」

木下「ところで、さきほど美彩さんがおっしゃった《実現主義の原則》というのを分かりやすく説明してもらえますか」

美彩「実現主義の原則は、商品を販売先に移転して対価が成立したら売上を計上しましょう、ということです。一言で言っちゃえば代金が確実にもらえるようになってから売上はあげてね、っていうことですね」

木下「それがいったいいつの時点なのか曖昧《あいまい》なので今回の騒動が起きたのでは」

美彩「まあ、曖昧といえば曖昧ですけど……商売にはいろんなやり方がありますから、一律にこの時点で計上しろ、なんて規定もできないので」

木下「美彩さんから見て、清原紡績と三本紡績の処理はどちらが実現主義の原則に照らして正しいとお考えですか？」

美彩「どちらかが正しくて、どちらかが間違っている、という問題ではないんじゃないのかなあ、と私は思っています。出荷基準は分かりやすいからこの基準を採用している会社が圧倒的に多いと聞いていますし、出荷基準で問題が起きるケース——例えば出荷したのに相手に届かなくて代金をもらえない——なんていうケースはほとんどないのが現実でしょうから、出荷基準が間違っているとは言えません」

順啓「その通りです。我が清原紡績は出荷基準を会社設立以来採用し、代金がもらえなかったということは破損や品違い以外ほとんどありません。その破損や品違いも非常に稀なケースです。第一、今回の香港洋行社への売上も、代金はすでに全額回収済みです」

木下「三本紡績から何か反論は？」

惣次郎「売上というのは株主の皆様へ配当をするための原資となる。ですから慎重に計上せねばならんとわしは思う。わしは一人で三本グループをつくりあげたが、日々心がけていたのはお客さんの喜びを第一に考えることじゃ。いい商品をお客さんに売って喜んでもらう、それによってまたその人がうちの商品を買ってくれる。これが商売というものじゃとわしは信じておる。株式会社になってからはそれとともに株主の利益を最大限考えること、このこともわしは心がけるようになった」

木下「株主の利益とは？」

惣次郎「今回の騒動でいえば不確かな売上などあげないということじゃな。不確かな売上をもとに配当をしたはいいが、後で代金がもらえなかったので会社のお金が足りなくなってしまった、などというのはあってはならんことだ。清原社長は稀ではあるが破損や品違いで代金がもらえないケースがあるとおっしゃった。それは三本紡績でも同じじゃ。稀ではあるが、そういうケースは現実にある。だがそれも検収基準を採れば防ぐことができる。稀なケースであっても代金がもらえないことがあるのであれば、わざわざそんな不確かな出荷基準など採らずに、検収基準を採っていればいいだけじゃなかろうかの」

木下「美彩さん、どうですか？」

美彩「検収基準のほうがより代金回収が確実ですし、実現主義にマッチしていると思います。でも欠点もあって、相手方から検収書が来ない限り売上が計上できません。ちゃんともらえばいいだけだと言うかもしれませんけど、これって相手方の事情で売上の日が変わってしまうということにもなっちゃうんですよ」

木下「単純に優劣を決めることは難しいということですね……僕は両社の経営方針の違いがこの売上計上基準の違いに反映されていると考えているんですが、清原社長、そうじゃないですか？」

清原「すみません、おっしゃっている意味が分かりかねますが」

木下「清原紡績はＲＯＥ経営を掲げていらっしゃる。投資効率重視ですから、費用はなるべく遅く計上して、逆に売上はなるべく早く計上したいという思惑《おもわく》が働く。美彩さん、今の意味を会場のみなさんに解説していただけますか」

美彩は一瞬何か考えるふうにうつむいて目を瞬《まばた》く。

美彩「……費用を遅くして売上を早く計上すれば、その差額である利益は大きくなりやすいということですか？　投資効率を重視しているから早く利益を出したい誘惑に駆られると」

木下が大きく頷く。

木下「今回の騒動が引き金となって判明した清原紡績の費用計上基準——先ほど美彩さんから現金主義だとお聞きしました——その現金主義では、とにかく代金の支払いさえなんだかんだ理由をつけて遅らせれば費用が計上されない。僕の取材でも清原紡績は支払いが悪いという評判でした」

順啓「それは聞き捨てならん言い方ですな。うちが故意に支払いを遅らせているとでも言いたいのですか」

木下「そうではないと」

順啓「そんな事実は全くありません。企業ですから費用はなるべく安く、支払いはなるべく遅くというのは当たり前の話であり、それは商売のイロハでもありますから、うちでも実践しております。しかしそれは相手の企業と契約する際の条件交渉の問題であり、いったん決まったものを故意に遅らせるなどということは絶対にしておらん。名門貴族といわれた清原家の名誉に賭けて誓います」

木下「三本社長何かご意見は」

惣次郎「清原社長はジェントルマンとして貴族の間でも有名ですから、故意に支払いを遅らせるなどしていないことはわしも信じます。だが、売上の基準に出荷基準を採用し費用の基準に現金主義を採用しているのは、さきほど木下記者がおっしゃった、費用はなるべく遅く計上して売上は早く計上したいという思惑があることは否定できませんの」

順啓「費用の計上基準については早急に発生主義に変更することをここで約束します。しかし、売上について出荷基準が悪いという気持ちは今もありません。逆に僕は三本社長に伺いたい。三本紡績こそ、シェア重視の経営のために検収基準を採用しているのであって、それが会計として正しいとか正しくないとかは関係ないのでしょう」

惣次郎「順啓殿、それはないであろう。ご自身が責められているからといってわしに同じ矛先《ほこさき》を向けられんでも」

木下「いや、三本社長。僕もその質問はするつもりでした。美彩さん、解説を」

美彩はまた何か考えるふうにうつむいて目を瞬く。

美彩「……三本紡績はシェア第一主義ですから当初は利益を度外視していますよね」

美彩が惣次郎に向かって話すと、惣次郎はその通りだと頷く。

美彩「……だから費用を早めに取り込んでも問題はない。売上はとにかく大きいほうがいいので、代金の支払い条件を相手に有利にしてでもなるべく大量の注文をもらえるようにする――代金は検収するまで払わなくていいからたくさん仕入れてください、不良品があったら返してくれていいから多めに仕入れてください、と得意先に働きかけているのではないか……という意味でしょうか」

順啓「さすが複式の女神だ。僕が言いたかったのはまさにそこです」

順啓が大きく頷く。

惣次郎「だがそれのどこが悪いのか。それはあくまで営業の方針であって、検収基準を悪用しているわけではないであろう」

美彩「確かに三本紡績の検収基準は実現主義の原則により当てはまりますし、費用は発生主義ですからどちらも株式会社会計として問題はないというか、理想的なやり方ですね」

順啓は顔をこわばらせ目を閉じてしまう。

美彩「私は出荷基準でも検収基準でも、送り状とか検収書とかきちんとした証拠に基づいて仕訳されていて、しかも同じ基準で続けて処理しているのなら、どちらが正しくてどちらが正しくない、とは言えないと思います。同じ業種でも会社によって販売の仕方なんかも違うでしょうし、その会社に合ったやり方をすればいいのでは」

木下「美彩さんは乃木ちこの取締役をやっていて、健全な利益の追求、というのを掲げていますが、僕は今の株式会社、特に紡績業や製糸業を取材すればするほど、不健全の巣窟《そうくつ》のようだと感じています。その点はいかがですか」

美彩「巣窟……？」

木下「低賃金による過酷な労働問題のことです。紡績業や製糸業は若い人たちの雇用は生みましたが、働かせ方が過酷すぎます。当初は貧乏貴族の子女を雇っていたようですが、それでは人手が全く足りず田舎の農家の子供を大量に集めるようになって、そこから一気に労働環境が劣悪になった。一日十四時間以上働かせ、支払う賃金はごくわずかで、なにより食事が粗末で、逃げ出さないよう鉄格子がはまった宿舎に監禁する始末です。十歳以下の子供もたくさんいる」

美彩「清原紡績も三本紡績もですか……」

惣次郎「子供は雇っているが環境が劣悪だというのは言い過ぎであろう。うちでは子供のために教師を雇って朝と夕方に勉強まで教えておる」

木下「清原紡績や三本紡績はまだ環境はマシなほうだとは言えるでしょう。だが賃金を豊富に払っていると胸を張って言えますか？　言えないでしょう。三本紡績もシェア拡大に向けて突っ走るために二十四時間フル操業ですから、長時間労働は業界一ですよね。いくら食事や住環境は他よりマシとはいえ、鉄格子に閉じ込めているのは同じじゃないですか」

惣次郎「なんだね君は。今日は香港洋行社への売上について討論するために呼んだはずだぞ。労働問題はまた別なときにでも取材してくれ」

木下「美彩さん、この労働問題はあなたも大きく関わっているんですよ」

美彩「私が……？」

木下「あなたが広めた複式が資本家のためにこき使われる労働者階級を生んだんですよ。あなたの複式が事業投資に対する安心感みたいなものを生みだしてしまったおかげで、桁外れの大資本というものを生んだ。大資本は効率やら規模やらを追求するためにそこで働く庶民を労働者として隷属《れいぞく》させる。資本家は、いや資本家に限らず持てる者ほど貪欲なものであり、もっと大きくしろ、もっと稼げるのではないか、もっと配当をよこせと、決して満足することを知らない。人間の貪欲さなんて不健全きわまりないものだということです」

第11幕
乃木ちこ倉庫

―在庫と粉飾決算―

ナレーション

乃木ちこが発売した二つの焼酎のうち単式蒸留器を使った本格焼酎『美彩』は美彩自身が出演したポスターが話題となり、フルーティーな味と相まって主に貴族に受けた。

もう一方の連続式蒸留器を使った新式焼酎『ハイカラ焼酎』は、それまでの焼酎にはないクリアな味と価格の安さが庶民にも受け、ヨーロッパの戦争に端を発した好景気もあり予想を超える注文が殺到した。生産が追いつかず在庫切れで販売機会を逃すことが数ヶ月続いたため、森田社長は独断で最新式の連続式蒸留器を購入し、これを美彩の実家である衛藤酒造に無料で貸し付け、生産量を一気に倍増した。

しかしヨーロッパの戦争が突然終結し、世の中に不景気の影が落とされようとしていた。

美彩は梅雨時の蒸し風呂のような倉庫で汗をぬぐうことも忘れてほとんど空となっている倉庫に呆然《ぼうぜん》と立ち尽くしている。

美彩「参ったなあ。在庫が全然ない……」

美彩は両手を頭に載せて天を仰ぐ。

美彩「どうして気づかなかったんだろう」

中身が空となっている木箱に腰掛ける。

美彩「大型注文が来て喜んでいたのにこれじゃあキャンセルしなきゃ……財務諸表では在庫がたくさんあることになっているのに……単純な記帳ミス？……でも金額が違いすぎるよ」

美彩はバッグから書類を取り出して見始める。

美彩「貸借対照表の商品残高は五〇〇〇万、ここにある商品はどう見ても数百万円しかない……まさか在庫担当者が不正を働いているとか？ 前あった柏屋砂糖事件みたいに勝手に商品をどこかで売ってたりして……でもうちの在庫担当者はまじめそうな人だし……いやいや、ああいうまじめそうな人ほど何をしでかすか分からない。ギャンブルにはまってしまって借金が嵩んで悪い奴らに追い詰められてつい……ダメダメ、人を疑うことから入っちゃだめよ。乃木ちこの社員は家族みたいなものなんだから。まずは信じなきゃ……それとも森田社長が在庫を勝手に売っていた……そんなはずないよね。二人で健全な利益を追求しようってあれほど頑張ってきたんだから。森田社長に限ってそんな不正なんてするはずがない……でも最近、森田社長元気がないというか、私たちを避けているというか、ほとんど会社にも顔を見せないし……ああ、また人を疑っちゃった……いけないいけない。よし、仕訳帳を調べてみたら原因が分かるかも」

美彩は仕訳帳をバッグから取り出し調べ始める。

決算整理仕訳の一部

繰越商品 50,000,000 / 仕入 50,000,000

美彩　「在庫に関する決算整理を書いたのはと……この字は、森田社長の字ね。なんで社長が決算整理仕訳を書いてるんだろう……うーん、やっぱり私が財務担当取締役になるんだった。君は乃木ちこの顔として全国をかけずり回ってお客様と直接握手をしてくれ、ってみんなが言うから財務は社長に任せちゃったのがまずかったなあ」

美彩は書類をバッグに戻すとつと立ち上がる。

美彩　「よし、在庫担当者に《商品有高帳《しょうひんありだかちょう》》を見せてもらおう。そうすれば何か分かるはず」

倉庫の奥へ向かい事務室に声を掛ける。

美彩　「こんにちは。いつもご苦労様です。ちょっと在庫を調べたいので、商品有

美彩　高帳を見せてもらえますか。ちょっとの間でいいので」

商品有高帳を受け取ると、もとの場所へ戻ってくる。

美彩　「どれどれ、まず単式蒸留『美彩』の期末在庫は……たったの一〇〇万円か。次に連続式蒸留『ハイカラ焼酎』は……二〇〇万円。合計で三〇〇万円ね。この倉庫にある在庫を見ているとだいたいこんなもんよね。ということは商品有高帳はきちんと書かれていた。それがどうして決算整理仕訳で五〇〇〇万円という一桁違う数値にすり替えられたのか……やっぱり決算整理仕訳を書いた森田社長が意図して改竄《かいざん》したとしか思えない……でも何のために」

美彩は再び木箱に腰掛け、考え込む。

美彩　「期末の在庫金額を実際の数値よりも多くするとどうなるか……あっ、これって、借入金の《制約条項《コベナンツ》》違反を避けるため？　……でもそれじゃあ《粉《ふん》飾決算《しょくけっさん》》じゃない！」

頭を抱える美彩。

美彩　「社長がまさかそんな……」

突然立ち上がって倉庫を歩き回る。

美彩　「本当は三〇〇万円しか在庫がないのに決算整理で期末の在庫を五〇〇〇万

森田社長の仕訳
繰越商品 50,000,000 / 仕入 50,000,000
（4,700万円も上乗せしている）

円という大きな金額で仕訳すると、それだけ売上原価が小さくなる。つまり架空の在庫である四七〇〇万円だけ売上原価が小さくなっているから、営業利益はそれだけ大きくなっているわけよね。今期の営業利益は四〇〇〇万円だったはずだから、本当の利益はマイナス七〇〇万円、つまり営業赤字だったんだ！」

ますます早廻りで倉庫を歩き回る美彩。それにつれてどんどん早口になる。

美彩

「連続式蒸留器を買うと

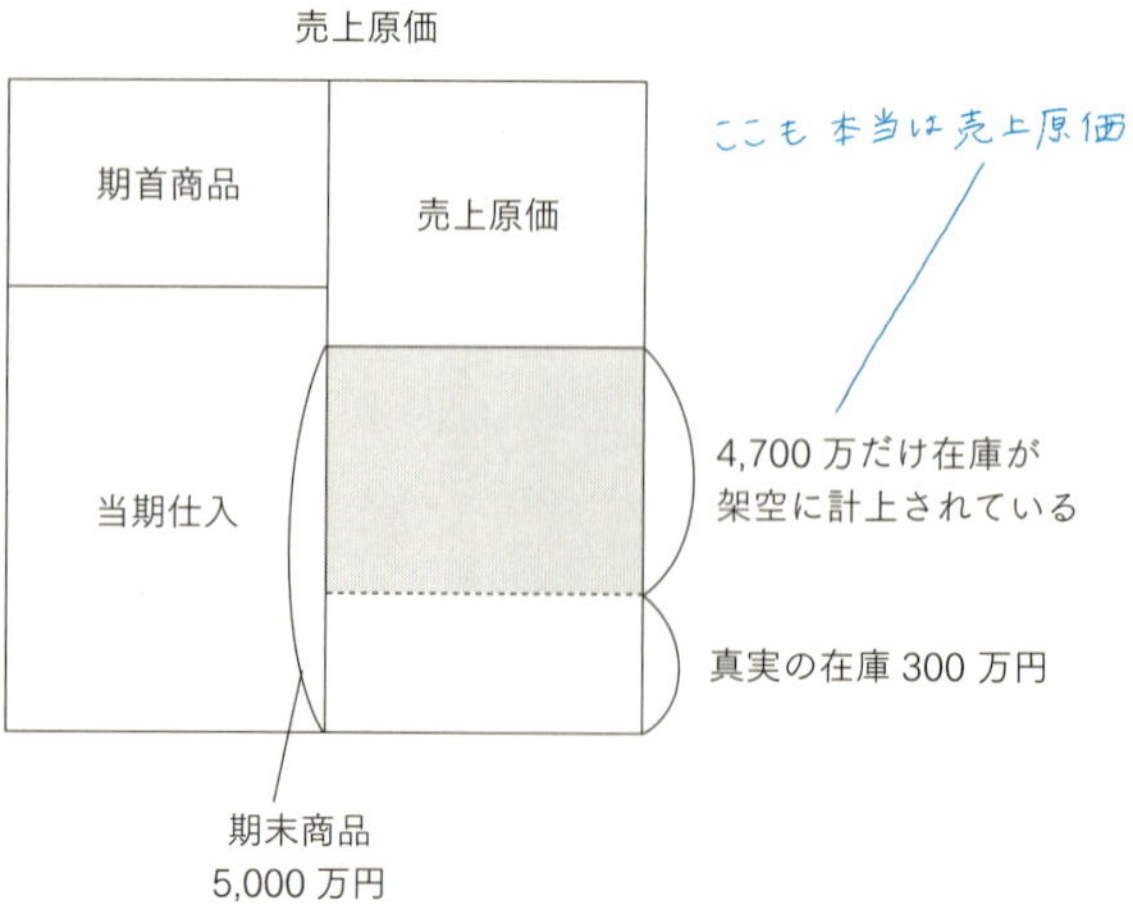

き銀行からお金を借りた条件に、確か二期連続で営業赤字となったら即刻返済しなければならない、っていう制約条項《コベナンツ》が入っていたはず。コベナンツなんていう言い方好きじゃないな。神への誓約っていう意味らしいけど日本語で言えって感じ。翌期からは機械の減価償却費が一年分発生するし、戦争も終わってこれから不景気になるって言われているから、今期はできれば黒字にしておきたいというのは分かるけど。でもあの森田社長が粉飾までするはずがない……でも待って。今期が本当は赤字だったなんてどういうこと？だって焼酎はあんなに売れていたし、私が酒店の前に立つと長蛇の列ができて近所迷惑になるほどの賑わいだったのよ。そうよ、まさに馬鹿売れ状態よ。うちのお兄ちゃんも焼酎製造で休む暇がないよって泣きが入ってたもん。それほど売れていたのよ。それってたぶんほとんど私のおかげだと思うけど、とにかくあんなに売れていて営業赤字ってことはないわよ……待って、そういえば」

美彩

慌ててバッグから先ほどしまった財務諸表の書類を取り出す。

「広告宣伝費とか交際接待費とか、こんなにかけたつもりないと思ってたんだよね。四〇〇〇万円も黒字だから、まあこんなもんか、って納得してしまったのが間違ってた……ああ、私って馬鹿馬鹿！」

書類で顔を被《おお》い、天を見上げる美彩。今度はゆっくりとした口調で喋り始める。

美彩　「森田社長が女遊びとかで会社のお金を使ったとか？　……あんなまじめな社長が？　……もしかして、私へのあれが原因？　……」

突然関東日日新聞の木下記者が倉庫の中に入ってくる。

木下　「これは美彩さん、ごきげんよう。パネルディスカッション以来ですね」

美彩　「ああ、新聞記者の木下さん……何かご用ですか」

美彩は慌てて手にしていた書類をバッグにしまう。

美彩　「というか、どうやって入ってきたんですか？」

木下　「倉庫の扉が開いていて、中を覗いたら君がいたから入ってきてしまった。まずかったかな？」

美彩　「まあ、いいですけど……」

木下　「実は乃木ちこに関して、ちょっとした噂を聞きましてね。それで今日は取材に来た次第です」

美彩　「噂って……どんな噂ですか？」

木下　「そうだ、その前に美彩さんは真冬さんとお知り合いでしたよね」

美彩　「え？　真冬のことご存じなんですか？」

木下　「三本紡績の労働環境の取材をしているときに、美彩さんのことを知っているという女性に出会ってね。それが真冬さんだった」

美彩　「真冬は今、三本紡績で働いているんですか？」

木下　「三本紡績で女工をやっている、いや、正確にはやっていた、かな。真冬さんと出会ったのは数ヶ月前だけど、つい先日取材に行ったときにはもう辞めていたから」

美彩　「真冬はどんなふうでした？」

木下　「真冬さんについては後でまた詳しく教えてあげるよ。今日僕が聞きたかったことを素直に話してくれたらね」

木下は鞄から手帳と万年筆を取り出した。

木下　「乃木ちこが連続式蒸留器をイギリスから輸入して、それを君の実家である衛藤酒造に無料で貸し出しているというのは本当かな」

美彩　「それが何か問題でも？」

木下　「では本当なんだね。大分の衛藤酒造にも質問状を送ったんだがなしのつぶてだったんでね。では、君が森田社長の愛人であるという噂は本当なのかな？」

美彩　「はあ？」

怒りの目を美彩は木下に向ける。

美彩　「そんな噂、誰がしているんですか？」

木下「少し前までは清原侯爵の愛人ではないかと言われていたみたいだが、前回のパネルディスカッションで君が清原侯爵の会計処理をぶった切ったから、これは森田社長に乗り替えたんだろう、ともっぱらの噂だよ」

美彩「だから誰がそんな噂してるんですか？」

木下「情報源は明かせないよ。君は否定するのかな」

美彩「根も葉もない噂だけで取材するんですか、関東日日新聞というところは？」

木下「まあそう怒らずに……うちの新聞社をそこいらのゴシップ雑誌と一緒にしてほしくないな。僕自身もれっきとした経済記者だと自負している。だから君が清原侯爵の愛人だとか森田社長の愛人だとか、はたまた両天秤にかけているとか、そういう話を記事にするために来たわけではない」

美彩は憮然《ぶぜん》とした表情で木下を見つめる。

木下「確かにこうやって目の前で君に見つめられると男が皆狂ってしまうのも分からんでもないけどね……そう、僕が聞きたかったのは森田社長が君のために乃木ちこの会計不正を行なっているという噂の真相についてなんだ」

美彩の顔がみるみるうちに硬直していく。

木下「君って意外と分かりやすいね。どうやら君も森田社長が不正を行なっていたことを知っていたようだね。いや、むしろ複式少女と言われた君が不正を指導していたのかな」

美彩　「そんなことするはずないでしょ。いい加減なこと言わないで」

美彩の顔が白く冷たくなっていく。

木下　「怖い怖い……怒っている顔も魅力的だけどね」

美彩　「うるさい」

美彩が小声で呟く。

木下　「まあいい……僕は森田社長の会計不正を暴きたいだけだ。君を怒らせて遊びたいわけではない。森田社長は帝大教授時代、人格者として有名だった。芸者遊びなど目もくれず株式会社法制に没頭している姿は修道士のようだったとも言われている。それが株式会社が実現してその第一号であるこの乃木ちこの社長になって大きく変わってしまったようだ。会社の金を使い込んで多額の貢ぎ物を女に贈り、それをごまかすために会計不正をした、そう僕は睨んでいる」

美彩　「どこにそんな証拠が」

木下　「証拠を出せ、というのは犯罪者の常套句《じょうとうく》だぜ。証拠がどこにあるか、なにより君自身が一番よく知っているだろう。森田社長が貢いでいたのは君なんだから」

美彩　「それは……」

木下　「君の部屋は貢ぎ物で一杯じゃないのかな。なにせ森田社長だけでなく清原侯爵も競うように君へ贈っていたというし」

美彩　「確かに社長から贈り物はたくさんいただきましたけど……ほとんど封も開けずに部屋にとってあります」

木下　「封も開けずに？　なぜ？」

美彩　「いつかお返ししようと思って」

木下　「返すねえ……貢がれていたことは認めるわけだ。ではそれが会社の金で買われた物だということも、もちろん知っていたわけだよね」

美彩　「それは知りませんでした」

木下　「そんなはずはないだろう。君は乃木ちこの取締役なんだから森田社長がどれくらい報酬をもらっているか知っているはずだし、だったらその報酬で高価な物を贈り続けることができるかどうかぐらい分かるだろう。だから封を開けなかった。会社の金で買われていたものだと知っていたからだ」

美彩　「中身を見ていないので高価な物かどうか分かりません」

木下　「包みを見れば想像つくだろう。僕の取材では年間数千万円君に貢いでいたはずだ。貢がれるのは美しい女の証拠でもあるだろうからそれを受け取っていたとしても君を責めるつもりはない。僕が問題にしたいのは、会社の金で買ったことをどう隠していたかだ」

美彩　「私には分かりかねます……」

木下　「複式少女である君が分かりかねますはないだろう。知っているけど話せません、って言っているように聞こえるぜ。いいかい、君は株式会社法制成立の立役者《たてやくしゃ》でもあるから教えてあげるが、多くの株式会社で不正会計による利益の水増しが横行している。資本家に投資してもらったはいいが赤字でした、ではすまされない会社が多いということだよ。株式会社の株主はほとんど貴族だからね。赤字なんか出そうものなら何するか分からん連中もたくさんいる。そういう奴らからのプレッシャーに負けて会社ぐるみで会計不正に走ってしまうという構図だ。僕はこの不正を報道してその是非を世に問うつもりで取材している」

美彩　「そんなに粉飾決算が行なわれて……」

木下　「粉飾決算というのかい？　利益の水増しのことを……洒落た言い方だな。さすがは複式少女だ。君が会計不正の取材に協力してくれたら、乃木ちこの話は目をつぶってもいいんだが。乃木ちこの場合は他と様子が違って社長が女のために使い込んでしまったという昔からよくある話だからね」

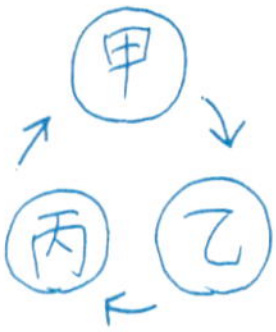

美彩「うちは粉飾なんて……」

木下「粉飾の手口の一つに、知り合いの会社に商品を買ってもらったことにして売上を計上するものがある。買った会社はまた別の会社に販売して、その別の会社はまた別の会社に販売し、最終的にはもとの会社に戻ってくる。これをうまく解説してもらえないか」

美彩「それって確か……《循環取引《じゅんかんとりひき》》といったかと思います。実際には商品を出荷さえしていないのに、全て架空の発注書や請求書だけで処理してしまう」

木下は手帳にメモを取り始める。

木下「循環取引ね……でも商品が出荷されていないなら売上は計上できないじゃないのか？　パネルディスカッションでやった実現主義の原則があるだろう」

美彩「実現主義の原則ではそうですね。たぶん検収基準を採って、循環取引の相手から検収書をもらって売上を計上しているんではないでしょうか。書類は揃っているから経理部では疑いも持たずに仕訳をしてしまう」

木下「それでは実現主義の原則、なんて偉そうに言っている意味さえないことになるじゃないか」

美彩「ルールを作っても、それを守ってくれないのでは……」

木下　「番人が必要だということか」

美彩　「番人？」

木下　「複式少女である君とまじめだった頃の森田教授が作成した会計基準を、株式会社がきちんと守って会計処理しているかを調べる機関のようなものが必要だということだな」

美彩　「それなら森田教授が以前言っていた《会計監査人《かいけいかんさにん》》のことですね。会社に過度な負担をかけてしまうおそれがあるからということで、採用は見送られましたけど」

木下　「会計監査人というのは、どういう制度なのかな」

美彩　「森田教授は会計専門家を養成して、国家資格でその人を専門家だと認める制度をまず作ろうとしていました。確か《公認会計士《こうにんかいけいし》》とかいう名前だったかと」

木下　「弁護士のようなものか」

美彩　「規模が大きな株式会社には公認会計士による《会計監査》を義務づけようと、森田教授は考えていました。そのときの案では、資本金が五億円以上の株式会社には財務諸表が適正かどうかを公認会計士によって調べさせることを義務づける、としていたかと」

木下「それはいい制度だ。過度に負担をかけるなんていう配慮なんか必要ない。番人がいなければ皆ルールなど守らないのが世の常だから……循環取引で一つ疑問があるんだが。いったん売ったモノが最終的には自分のところに戻ってくるからそのとき利益が減ることになる。だから全体で見れば結局利益は増えていないじゃないか」

美彩「株式会社は期間損益計算をしますよね。一年間という期間を区切っている。そこがポイントです。今期利益を出したいのなら循環取引でいったん売上をあげておいて、それがもとに戻ってくるのを翌期以降にすればいいんです。期間を通してみれば循環取引で利益は増えることはないけど、その場しのぎとしては有効ということです。商品が自分に戻ってきた期でも利益が足りなければさらに大きな循環取引を開始する。だから循環取引は一回で終わることなく、それこそ永久に循環することが多いと思います」

木下「だが掛代金《かけだいきん》の決済はどうするんだ。実際にお金を動かさないと掛残高がどんどんふくらんでくることになると思うんだが」

美彩「代金の決済はしているはずです。循環取引は売上取引を仮装する代わりに金銭の貸し借りをするようなものですから」

木下「そこまでして利益を出さなければならないなんて……資本家の要求が貪欲

すぎるのか」

美彩「今は特定の貴族の方たちしか出資をしていませんから、要求が激しいのかもしれません。有力な貴族からあっちの会社はもっと儲かっているぞってプレッシャーをかけられたら辛いですもんね……そういう意味で森田教授は《株《かぶ》式《しき》市《し》場《じょう》》の創設が急務だとも主張していました。現状では一般の人が株主になりたいと思っても、事業家の人との個人的なツテがなければ出資などできないですよね。でも株式を売ってしまいたいと思っている資本家だっているはず。

循環取引

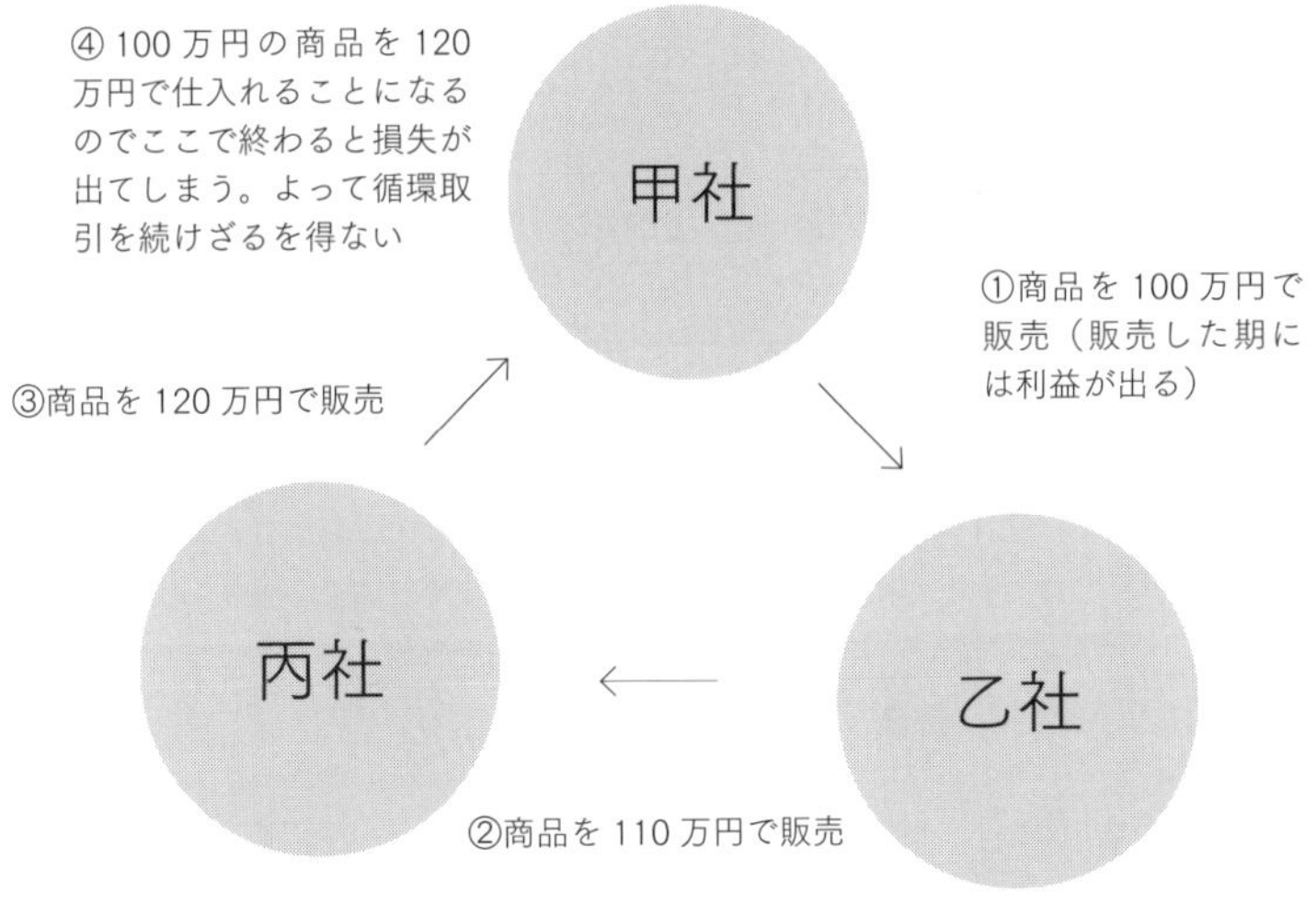
甲社
乙社
丙社
①商品を100万円で販売（販売した期には利益が出る）
②商品を110万円で販売
③商品を120万円で販売
④100万円の商品を120万円で仕入れることになるのでここで終わると損失が出てしまう。よって循環取引を続けざるを得ない

「株式譲渡自由の原則」という

株式会社に出資したお金を回収するには株式を他の人に売却するしかありませんから。法律でも株主は持っている株式をいつでも他人に売却することができるとしています。だから株式を売りたい人と買いたい人が誰でもスムーズに取引できる株式市場というものを作れば、庶民の人たちが株式会社の所有者となることだって可能になるんだ、と熱く語っていました」

木下　「庶民が株式会社の所有者に……株式市場の議論は僕も知っていたが、庶民が株式会社の所有者になるんだ、という着眼《ちゃくがん》は初めて聞いた。まさにそうなって初めて株式会社を日本に創設した意味が出てくる……会計監査人制度があれば財務諸表の適正性も確保されるだろうし……」

木下は手帳に書いたメモと美彩の顔を見比べる。

木下　「いいだろう、僕が報道してこの公認会計士による会計監査人制度と株式市場の制度を提唱してみよう。横行している粉飾決算を撲滅するためにもこの制度しかないとマスコミが騒ぎ立てれば、国も動くだろう」

美彩　「本当ですか！　ありがとうございます」

木下　「ただし、一つ条件がある」

美彩　「条件？」

美彩は怪訝な顔を木下に向ける。

木下「この条件をのんでくれたら乃木ちこの不正会計にも目をつぶる」

木下はいきなり美彩の腕を掴《つか》む。

美彩「痛い！」

美彩は抵抗しようと暴れるが、木下に引き寄せられる。

木下「清原侯爵が大阪の歌劇団を買収するという噂を知っているかい？　それもどうやら君のためらしい。君は音楽女学校出身でもとは歌手志望だったよね。その夢を叶えさせてあげようというんだろうが、男というのは女のためにそこまでするのか、と僕は清原侯爵のことを馬鹿にしていた。だが、今日君と目の前で話して分かった。どんなことをしてでも君を手に入れたいと思う男の気持ちがね」

美彩「やだ！　放して！」

美彩が暴れた勢いで掴んだ手が振りほどかれ、美彩が床に倒れ込む。

純一「おい、貴様！　何しているんだ！」

純一が倉庫の入り口から駆け寄ってくる。

木下「いいかい、美彩君。よく考えてくれ給え」

木下は慌てて純一と入れ違いに入り口のほうへ駆け去る。

純一「美彩さん、大丈夫ですか」

純一が美彩を抱え起こす。

美彩「大丈夫……かな」

純一「何かされたんですか？」

美彩「ううん、何も。掴まれそうになったんで暴れたら倒れちゃった」

美彩は純一に向かって微笑む。純一はその美彩の目に引きずり込まれるように顔を近づけていく。

純一「美彩さ……」

いきなり純一は美彩に口づけする。

美彩「んっ！」

美彩は反射的に純一の頬を思いっきり手で叩き、後ずさりする。

純一「あーあ、ごめんなさい。そんなつもりじゃ……そんなつもりじゃなかったんです」

美彩「…………」

純一は立ち上がると、森田が入り口付近で唖然とこの様子を見ていることに気づく。数歩後ずさりした後、純一は森田の横を駆け抜けて入り口から出て行く。

森田が美彩が倒れ込んでいるところまでゆっくりと歩いてくる。

森田「純一君とこんなところで何をしていたんだ」
美彩「何もしていません。ただの事故です」
森田「ただの事故で口づけをね……君には失望したよ」
美彩「失望？　……」
森田「清原侯爵の愛人だと噂されていて、そのうえ息子にまで手を出すなんて、とてつもなく僕は失望した」
森田は床に倒れている美彩を見下すように見つめる。
美彩「勝手に失望なんてしないでください。泣きたいのは私なんですから」
森田「僕がどれだけ君のために尽くしてきたか……君の夢が叶うようにどれだけのことをしてきたか……それなのに純一などと……」
美彩「純一さんとは何でもありません。ただの事故です」
美彩は一人で立ち上がって服のほこりを払う。
美彩「それと、いただいたプレゼントなんですけど、全部お返しします。会社のお金を使って買っていたとか……そんなものは受け取れません」
森田「……」
森田は押し黙ったまま何も話そうとしない。
美彩「在庫の不正会計のことも、私、分かってしまったんですよ」

森田　「不正会計か……君たち三人の誰かが倉庫に来さえすれば気づかれてしまうとは覚悟していた。だが君たちは仲良く焼酎を売ることしか考えていなかったから、倉庫には来ないだろうと思っていたよ」

美彩　「なんで粉飾決算なんか……」

森田　「なんでだろうね。あれほど株式会社法制の成立に人生をかけていた僕が……そうだね、僕は君と関わりたかったんだろうね。会社の交際費や広告費名目で君への貢ぎ物を買って、その損を隠すために架空在庫を計上までしてね……」

美彩　「……」

森田　「僕はこの会社の社長であり、君は取締役だから、僕はもっと君と二人でこの会社を動かしていけると思っていた。ところが君は貴己君や純一君と全国を飛び回って焼酎を売ることばかりに情熱を燃やし、この会社をどのように運営していくかなど全く関心を持たなかった。私は寂しかったよ。いつも会社に一人でいて、君たち三人が帰ってくるのを待っているだけだなんて」

美彩　「それは気づきませんでした。すみません……会社は森田社長に任せていればば安心だと思って、私はとにかく乃木ちこの顔として焼酎を売ることだけに専念することが会社のためだと思ったし……社長も順啓様も乃木ちこの顔になれっておっしゃっていたから」

森田「確かに僕もそう言った。だが私もそのチームに入れてほしかった。いや、僕と美彩君の二人で乃木ちこを経営したかった。僕は君のことを共同パートナーだと思っていた。計算書類規則案を一緒に作り始めたときから、ずっとそう思っていた」

美彩「会社の運営を森田社長一人に任せて、私は販売のことしか考えていなかったのは謝ります。でも、だからといって会社のお金を使い込んで、それを隠蔽するために架空在庫を計上するなんて、やっちゃいけないことじゃないですか。あの実直に前に向かって進んでいた昔の森田教授はどこに行ってしまったんですか？」

森田「確かに僕は前に進まなければと、ただそれだけを考え生きてきた。株式会社法制を成立させることがゴールだと信じてそこへ向かって走っていた。だがそれは時計の針のようにもとの場所に向かうために進んでいるにすぎなかったんだ。もとの場所には複式少女である君がいた。ずいぶん前に進んだと思っていたのに、美彩君の前に立っている僕は二十歳の頃のあの未熟で恥ずかしい僕と何ら変わりなかった。結局、僕が生きるために必要だったのは法律などではなく、君という存在だったということだ。それがたとえ一時の麻酔のようなものであっても、醒めることは私には耐えられなかった。ずっと感覚を麻痺させてほしかった。だから乃木ちこの金を使い込んでまで君へ贈り物を贈り続けた……何のために？　そんなのは僕にも分からない。いくら貢いでも君が振り返ってくれることがないのも頭では分かっていた。でも贈らずにはいられなかった。本当に優秀な人間は自分とは違う輝きを放つ者――たとえそれが何色であったとしても、男であれ女であれ、その者を崇《あが》めることが大好きなのかもしれない。自由主義より専制君主制が煌《きら》びやかに見えるのはそのためだろう。だから僕は君を崇拝していた」

美彩　「そんな言い方、森田社長らしくないです……」

森田　「僕らしくない……君は僕の何を見ていたのかね。乃木ちこという会社を一緒に経営していながら、明るい部分だけを見ていて、影となった本当の僕の姿は見ていてくれなかったのか」

美彩は下を向いたまま黙っている。

そんな美彩をしばらく眺めた森田は黙って倉庫から出て行く。

美彩は木箱に座って暗くなり始めた床を呆然と見つめている。

美彩　「どうしてこんなことになってしまったんだろう？　私はみんなと一緒にこの乃木ちこという会社を成長させることに喜びを感じていたのに。ただそれだけなのに……人の影ばかり気にしてたら仕事なんてできない……人の影なんてどこにも見えないのかもしれないのに」

第12幕

清原紡績事務室

―株式市場とクリーン・サープラスの断絶―

ナレーション

木下記者による粉飾決算報道と公認会計士による会計監査の提言が話題となり、国は異例の速さで会計監査の法制度化に動いた。しかし公認会計士が育つまでに数年を要することから、それより先に国は大蔵省主導で以前から検討されていた株式市場を東京と大阪に創設した。

乃木ちこの粉飾決算は報道されなかった。美彩はそれがなぜかは分からなかったが、突然、順啓が乃木ちこの全株式を三本グループの一つである三本物産に譲渡した。

惣次郎の意向を受けて森田が社長を辞任、美彩が乃木ちこの代表取締役となる。森田には退職金代わりに乃木ちこの株式が数株分け与えられた。

パラレルワールドの日本経済は戦後不況に見舞われ、特に低所得層の庶民たちの生活は一気に苦しくなった。

軍備増強に励む国は株式会社への課税として法人税の審議を再度始めるとともに、富裕層への課税強化を狙って配当金課税と法人税創設および所得税の累進課税導入の法案を国会に提出する。

しかし、このうち配当金課税は順啓や惣次郎たちの強い反発に遭い、早々と廃案となる。

誰かが清原紡績の机を掃除している。舞衣がそこへ現れる。

舞衣「あら？　そこにいるのは真冬さん？」

真冬「これはお久しぶりです。舞衣様」

舞衣「四年ぶりぐらいかしら……今までどこにいらっしゃったの？　みなさん本当に心配していましたのよ」

真冬「それはご心配おかけしました。ちょっとした事情で……三本紡績で女工をしておりました」

舞衣「女工を？　……」

真冬「年季が明けたので今日から清原紡績の社長秘書として順啓様に雇っていただきました」

舞衣「今日から社長秘書に。それはおめでとうございます」

真冬「ありがとうございます。それで、舞衣様は今日は何かご用で」

舞衣「順啓様にお話があって……純一様が乃木ちこの役員を急に辞められたのはご存じ？　ああ、そういえばあなた乃木ちこが設立されたときはもう東京にいらっしゃらなかったわね」

真冬「乃木ちこの噂は女工をしていたときも聞こえてきました」

舞衣「順啓様も急に乃木ちこの株を三本物産に売ってしまわれたし、森田社長も辞任されて美彩さんが社長になるし、いったい乃木ちこはどうなってしまうのでしょうね」

真冬「純一様は戦後の欧州を周遊されに先日ご出立《しゅったつ》なさいました」

舞衣「欧州に……わたくし聞いておりませんでした……真冬さんは何か詳しいお話聞いておられます？」

真冬「いえ、そんなには」

外から大きな鬨《とき》の声がする。

舞衣「何かしら？　外が騒がしいわね」

真冬「配当金への課税が廃案となったことに反発するデモ隊です」

舞衣「なぜそのようなことでデモを行なうんでしょうね？　そもそも株式会社からの配当金なんて庶民には関係ないでしょうに」

真冬「そうです。配当金なんてもらえる庶民はいません。上位１％の貴族や大商人といった超富裕層だけです」

舞衣「超富裕層……難しいお言葉使うのね」

真冬「株などというものをお持ちなのは超富裕層だけです。たった１％の超富裕層だけが配当金をもらって豊かな暮らしをしている」

舞衣「わたくしはそれが悪いことだとは微塵《みじん》も思ってはいませんわ。だってわたくしのお父様や惣次郎様のような資本家がリスクを張って投資をするからこそ、庶民も労働者となってお金を稼ぐことができるんですからね。1%の人が投資をするから残りの99%は食べていけるのじゃありませんこと」

真冬　「それを格差社会と呼ぶんです」

舞衣　「格差？　また難しいお言葉使うわね。流行《はやり》なの？　でもわたくし思いますけど、格差の何が悪いのかしら？　なぜわたくしども貴族は資産を保有しているのか、あなたには想像できますか。わたくしどもの祖先が大胆に投資をし、そのチャレンジに成功したからですわよ。挑戦し、そして勝ったのです。挑戦しない人間、負けた人間と格差がなければ挑戦した人間がかわいそうだとお思いにならない？」

真冬　「でも挑戦したのはあなたではなくて、あなたの祖先です……」

真冬は呟くような声しか出さなかったので舞衣には聞こえない。

舞衣　「それに貴族だって今は挑戦し続けなければならない時代ですのよ。だから由緒正しい名家の方も事業に進出しているんです。当然失敗することはあります。最近では失敗例のほうが多いかしら。清原紡績は大成功の部類ですわね。できたばかりの東京証券取引所にすぐに上場《じょうじょう》されましたから。そういうリスクを冒して投資するからこそ、産業は興り、人々の生活は向上し、社会は安定し、日々安心して暮らせる世の中になってくるのではないでしょうか。それに貴族はなにもお金を貯め込んでいるばかりではないのよ。順啓様だって、惣次郎様だって、芸術活動を支援し、学校や病院を作り、そうやって社会にちゃんと還元しているのです。もちろんそうじゃない貴族の方もいらっしゃいますけど、名門、大物と呼ばれる方ほど社会還元を盛んに行ないます。自分たち成功者がこの社会を支えていかなければならないという自負があるからです」

真冬　「余ったお金で学校を建てられるなんて、庶民には想像もつかないほど資産をお持ちだという証拠じゃないですか。それに貴族の方は最初から投資できる資産がおありだから多くの利潤を手にすることができるのでしょうけど、私たち庶民はいくら働いても投資できるお金なんてできません」

舞衣　「それは仕方がないでしょう。わたくしたちは歴史のうえに生きているのだし、祖先の勝ち負けが今生きている人たちのスタート地点にハンディを与えてしまうのは致し方がないことじゃない？」

真冬　「美彩さんのように貴族の方たちに気に入られでもしない限り、投資なんて庶民は一生できません……美彩さんは、この世界の人とも思えないところがありますけど」

舞衣「そうね、あの方は何か特殊な魅力があることは、女の私でも認めざるを得ないわね。悔しいけど」

順啓がイライラした表情で部屋に入ってくる。

順啓「ああ、舞衣様。いらしていたのですか」

舞衣「どうなさいましたの？　そんなお顔をして」

順啓は自分の椅子にどかっと座り込む。

順啓「舞衣様は最近アナリストという職業があるのをご存じですかな」

舞衣「アナリストというと、何かを分析するご職業の方ですの？」

順啓「株式市場が創設されてからできた専門家でね、投資家向けに上場企業の情報を提供して金儲けをしている。分析するのが大好きだからだろうが、ある問題で細かいことを言ってきてね。それで頭を悩ましているのです」

真冬「梶谷撚糸《かじたにねんし》の株式評価の問題ですね」

順啓「よく知っているね、真冬君」

真冬「梶谷撚糸が倒産しかけて三本紡績が救済に動いたことは社会的に大きな関心を呼びましたし、清原紡績が梶谷撚糸の株式を大量に持っていることも報道されています」

順啓「真冬君はどこか雰囲気というか、話し方が変わったね」

真冬　「この数年でいろいろありましたから。世の中がこれだけ変わっているんですから、人間だって変わります」

舞衣　「先ほども真冬さんと格差問題を議論していたんですの」

真冬　「もともと日本人はこの狭い島国に住んでいて、その限られた物の中でしか欲は満たせないので、満ち足りるということを学んだのだと思います。それが欧米から贅沢品が押し寄せ、戦争で他国を刈り取ればいくらでも物はあるということを知ってしまったこのタイミングに、その欲を膨張させる器として株式会社と、その欲を数字にする複式簿記というものがもたらされて、日本人は変わってしまったんです」

順啓　「ずいぶん難しいことを言うね。それは核心だろうが、世の中の発展というのは人の欲がもたらすものだから仕方がないと思うがね」

美彩が事務室の入り口に現れる。

美彩　「失礼します。乃木ちこの衛藤ですけど」

順啓　「ごきげんよう、美彩君。いや衛藤社長と呼んだほうがいいかな」

美彩　「いえいえ、今まで通り美彩で結構です」

真冬　「お久しぶりです。美彩さん」

美彩　「えっ……真冬？　……」

美彩は驚いて真冬を見つめる。

真冬「はい、真冬です」

順啓「君をびっくりさせようと思って言ってなかったんだが、真冬君は今日からうちで働いてもらうことになってね」

美彩「まふゆー！」

美彩は真冬に飛びつく。真冬は困惑の表情で美彩を受け止める。

美彩「ひどいじゃない、何も言わずに実家に帰るなんて。メチャクチャ心配したんだよ」

真冬「ごめんなさい。実家の商売が傾いて借金が嵩んで私が返済しなければならなくなって、三本紡績で女工をしていて、こんな年数が経ってしまって」

美彩「いろいろあったんだ。後でゆっくり聞かせて」

真冬が頷く。

順啓「懐かしんでいるところ申し訳ないが、今日美彩君にわざわざ清原紡績にまで来てもらったのは、梶谷撚糸の株式評価の問題について意見を聞きたくてね。この問題を協議するために今日の午後から大蔵省に行かなければならんので、早速その話に入りたいのだがいいかな。乃木ちこはもう僕の会社ではないのに申し訳ないが」

美彩　「とんでもないです。順啓様にはいろいろお世話になっていますから」
舞衣　「一度伺いたかったんですけど、なぜ乃木ちこの株式を三本物産にお売りになったんですの」
順啓　「惣次郎殿にしてやられた、というところですかな」
美彩　「惣次郎様に？」
森田　「貴己君には言わないでほしいのだが、パネルディスカッションで司会をした関東日日新聞の木下記者に惣次郎殿が金を払って森田社長、いや森田前社長の不正を暴かさせてね。それを公表しない代わりに乃木ちこの株式を譲れと言われた」
美彩　「そういうことだったんですか……」
美彩が呟く。
舞衣　「あの森田教授が不正を……。でもそれでは脅迫ではないですか」
順啓　「惣次郎殿は三本グループの総帥《そうすい》ですからね。商売のためなら脅しぐらいできる人物ですよ。乃木ちこの評判を落とさないためにも株式を譲るしかなかった。すまないね美彩君。以前君の夢を叶えてあげたいなどと大言を吐いたくせに、こんなことになってしまって」
美彩　「ご迷惑をおかけしたのは私のほうですから。本当にごめんなさい」

美彩は深々とお辞儀をする。

舞衣　「あなたが謝ることないじゃない。不正を働いたのは森田教授でしょ」

苦笑いをする美彩。

美彩　「今までいろいろお世話になっているので……。そのご恩をお返しするためにも、梶谷撚糸の問題をなんとか解決したいです。株式を相互保有されていたんですよね」

順啓　「清原紡績が梶谷撚糸の株式を10％保有していて、梶谷撚糸も清原紡績の株式を3％保有していた。梶谷撚糸は大阪証券取引所に上場している撚糸業大手の会社だが、〈より糸〉を安定供給してもらうための事業提携として株式を相互保有していたんだ。取得原価は五億円だった。ところが最近の戦後不況で梶谷撚糸の資金繰りが悪化してね。我々も救済する準備をしていたんだが、うちより先に三本紡績が梶谷撚糸

貸借対照表

…	
固定資産	
その他有価証券5億	

その他有価証券 500,000,000 / 現金 500,000,000

固定資産には、機械のような《有形固定資産》の他にも、その他有価証券のような《投資その他の資産》などがある

の《増資《ぞうし》》に応じてひとまず経営破綻は免《まぬが》れた。だがその一連の騒動で《株価》がうちが取得したときの価額よりも大幅に下がってしまってね。今の《時価》は三億円だ。これをアナリストが問題にした」

美彩　「事業提携目的で所得した株式は《その他有価証券《ゆうかしょうけん》》で仕訳していますよね。長期間保有することが前提となっていますから貸借対照表では固定資産に分類表示しているはずです」

舞衣　「固定資産は機械とかだけではありませんのね」

順啓　「梶谷撚糸の株式は長期保有するつもりに変わりないから、取得価額の五億円のまま決算して財務諸表を公表したんだが、決算時点での株式の価値は三億円しかないのであり、それを五億円として表示するのはおかしいとアナリストが言ってきてね」

美彩　「《時価評価》すべきだ、ということですよね。貸借対照表に五億円と書いてあると五億円の価値があるように投資家には見えてしまい、それだけ財産があると思ってしまうけど、現実には三億円の価値しかないんだから、三億円としなければ投資家の投資判断を誤らせるではないか！　と言いたいのかな？」

順啓　「まさに美彩君が言った通りのことをアナリストたちは主張しているようだ

投資有価証券評価損 200,000,000　／　その他有価証券 200,000,000

よ。投資の判断を誤らせるような財務諸表はアカウンタビリティーに反するということだな」

真冬　「結局、そんなの投資家のための議論でしかないし、お金持ちのお遊びにしか聞こえない」

驚いたように美彩は真冬の顔を見る。

美彩　「どうしたの、真冬？　そんなひどい言い方して」

真冬　「いえ、別に……飲み物でもお持ちします」

真冬が事務室を出て行く。

順啓　「その他有価証券を時価評価すると二億円もの評価損《ひょうかそん》が出てきてしまい、今期のROE30％を確保できない。そこで美彩君に相談だが、我が社は本当に二億円もの評価損を出さなければならんのだろうか」

美彩　「そうですね……。私はこの場合に評価損を計上してしまうのはなんだかおかしいと思います。だって事業の関係を深めるために株式を保有していた効

貸借対照表

…	
固定資産	
その他有価証券３億	

損益計算書

…
営業外費用
投資有価証券評価損２億

果というのは、すでに損益計算書に反映されているはずじゃないですか」

順啓　「どういう意味かな?」

美彩　「例えば梶谷撚糸から〈より糸〉の安定供給を受けることによって、原料の価格が安定していたり、計画通りに生産ができたり、そういう清原紡績にとって大きな利益がもう損益計算書には入り込んでいるはずなんです。もし梶谷撚糸の経営が不安定になって清原紡績への安定供給ができなくなっていたとしたら、その影響も仕入価格や生産量に反映されているはずですし。だから一年間の成績という意味では、損益についてもう何もする必要がないという気がします。というか、逆に評価損を計上してしまうと適正な期間損益の計算という意味では歪《ゆが》んじゃいますよね。だって経営成績はすでにちゃんと計算されているんだもん」

順啓　「そうか!　複式の女神がそう言ってくれると心強い」

真冬がお茶を盆に載せて入ってきて、お茶をみんなに配り始める。

美彩　「それに株式をすぐに売却することは予定していないんですよね。すぐ売るつもりがあるのなら今の時価で評価損をあらかじめ計上しておくというのも分かるけど、売却を予定しないのに損益計算書に損失が計上されるのって、おかしいですよね」

順啓「その通りだよ。その通り」
真冬「でも、評価損を計上しないなら、どうするんです?」
美彩がうれしそうに真冬を見る。
美彩「そうなの、そこが問題なんだけど、一つだけ解決策がある……でもこれをやっちゃうと……」
真冬「どんな解決策?」
美彩「昔みたいに、謎を解いてみたい?」
真冬「もう子供じゃないから……」
真冬は暗い顔をして下を向く。
美彩「時価が三億円しかないのに貸借対照表に五億円と書かれていると、その分だけ清原紡績に財産がたくさんあるように見えて投資判断を誤らせるというのなら、それは時価の三億円にしたほうがいいかもしれません。でも一年間の経営成績を計算する損益計算書に損失を計上するのはおかしい。とすると、手段は一つです」
順啓「どんな手段だね。もったいぶらずに早く教えてくれないか」
美彩「複式の仕訳を思い出してください。資産であるその他有価証券を二億円減らすんですから、これはどちらに書くでしょうか?」

／その他有価証券 200,000,000

評価差額 200,000,000 ／その他有価証券 200,000,000

真冬「貸方にその他有価証券です」

美彩「その通り……真冬とは平野屋事件のときたくさん仕訳したから、こんなの簡単だよね」

真冬は影のある笑みを浮かべてまた黙ってしまう。

美彩「問題は借方。資産が減少しているので、借方には本当だったら資産減少の原因である費用が来るはずだけど、それはできない。となると、考えられるのは何？」

舞衣「費用でないとすると、収益でもないし、負債でもない。だとすると残っているのは……」

真冬「資本の減少？」

美彩「そう、資本の減少、それしか考えられない。借方に負債の勘定科目を書いてしまったら負債が減少してしまうけどそんな取引はしていない。ましてや収益なんてあり得ないし、もちろん資産でもない。ところが、借方に資本の勘定科目を持ってくるとピッタリつじつまが合うのよ」

真冬「資産が減少したのは資本の減少のせいだってことですか？」

美彩「借方に、例えば《評《ひょう》価《か》差《さ》額《がく》》みたいな資本の勘定科目を使うとするじゃない。仕訳の第三のルールを思い出してみて。資本の増加は貸方だったでしょう。だから借方に資本の科目を持ってくると資本の減少になるよね。そのとき資産の減少と資本の減少はどうなっている？」

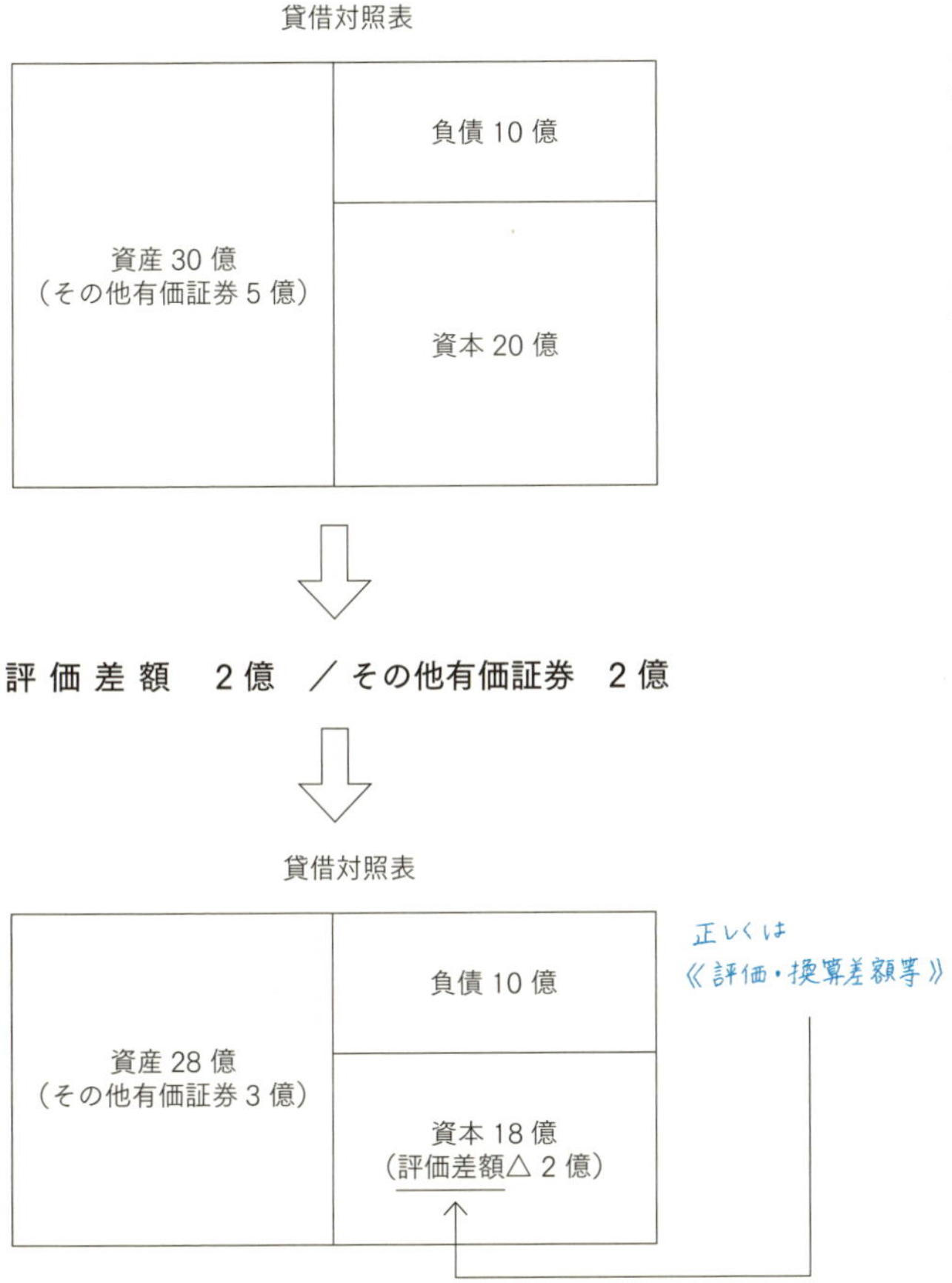

真冬「そうか、分かりました。借方も貸方も同じ額だけ減っているわけですね。貸借対照表の借方はその他有価証券が二億円減って、貸方は評価差額がマイナスの二億円あるから資本が二億円減っている……貸借対照表の借方も貸方も同じだけ減っているから貸借は一致する……」

美彩「そうでしょう、資本の勘定科目を使うとピッタリ合うでしょう。でもここで大問題が発生しちゃうのよ」

舞衣「大問題だなんて、大げさなこと」

美彩「舞衣様のような資本家にとって、これは大問題なんですよ」

舞衣「あら、わたくしに関係あるんですの？」

美彩「おおありですよ。だって資本というのは株主のものじゃないですか。この評価差額のマイナスを資本の減少としてしまうと株主の持分が減ったことになってしまいますよ。株主の持分が変わるのは損益計算書で計算される損益によってだけだったはずなのに」

舞衣「それは困りますわね。事業の経営成績に関係なくわたくしども資本家の持分を減らされてしまったら、それこそアカウンタビリティーも何もないですわ」

真冬「でも資本の勘定科目を借方に書いたら株主の持分が減ってしまいます」

美彩「だから分類の方法を変えるしかないの。資本という分類をやめて新しい分類に変えるの」

順啓「分類自体を変えてしまうのか？ あれほど完璧だと思えた複式の体系に問題でもあったということかい？」

美彩「株式市場が原因だと思います。今までは株式会社の所有者である株主に経営成績と財政状態を直接説明すればよかったじゃないですか。経営者と株主が近かったというか、みんな知り合いみたいなものですから事業の状況も説明しやすかったし、分配可能額がきちんと計算されているかを一番に考えていればよかった。それが株式市場ができたことによって、まず株主の顔が見えなくなってしまいましたね。市場で勝手に売買されてしまいますから。顔が見えない、しかもこれから株主になるかもしれない投資家たちもたくさんいて、その人たちに向けての情報発信がすごく重要になったんです。買いたい人をたくさんつくらないと、売りたい人が売れなくなって株式市場が成り立たないですから……そのためにアナリストのような専門家も出てきて、会社はまるでアナリストに向けた情報提供のために財務諸表を作っているみたいになってしまって、分配可能額だけ見ていればいい、という感じではいられなくなってしまった」

順啓　「だが株式市場は君と森田教授が切望していたものだったはず」

美彩　「もちろんです。株式市場は庶民が株式会社の所有者になれる唯一の手段ですから。でも、その株式市場によって世の中の仕組みが変わってしまったんです。だから複式簿記も変わらなきゃ」

真冬　「どういうふうに分類を変えるんです？」

美彩　「資本という株主持分としての言い方はやめて、資産と負債の差額である分類……《純資産》というのがいいかな」

真冬　「資産と負債の差額？」

美彩　「貸借対照表を思い出してみて。資本というのは資産＝負債＋資本という関係が成り立っていたよね。覚えてる？」

真冬　「そういえばそうだったなあ、ぐらいには」

美彩　「これって式を少し変えて資産－負

貸借対照表

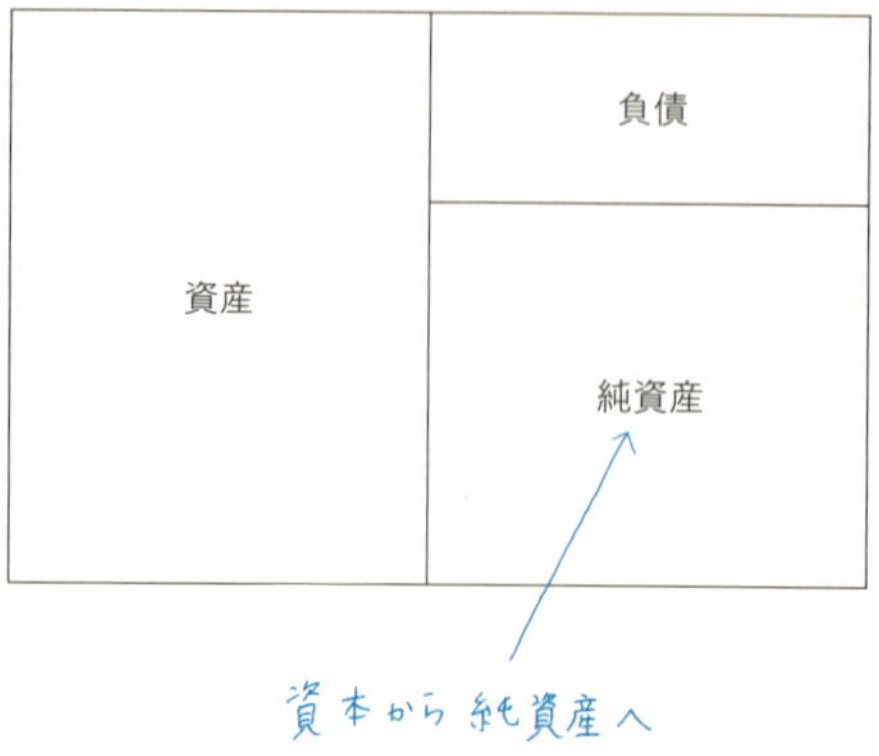

債＝資本ともいえるでしょ。つまり資本は資産と負債の差額だったので、これを純資産という名前に変えるの」

順啓　「名前を変えただけで資産－負債＝純資産が成り立っているのであれば、資本のままでもいいんじゃないかな」

美彩　「そうはいかないんです。資本というのは会社の元手である資本金と利益の累積額である利益剰余金とかのことですけど、そこに評価差額という全く性質の異なるものが入ってきてしまったじゃないですか。だからもうこれは資本の分類じゃないですよね。だったらこの分類を資本と呼んではいけないんです。株主の持分を明確にすることが重要だって言っておきながら、別なものが入り込んでしまってそのまま黙っておくわけにはいかないでしょう」

順啓　「それで資本から純資産へと分類名を変えるのか。なんかピンとこないが、これも慣れだろうか」

貸借対照表

資産28億 （その他有価証券3億）	負債10億
	純資産18億 資本金5億 利益剰余金15億 評価差額△2億

舞衣「名前を変えなければならないほど変わっている感じがしませんけど」

美彩「ものすごく変わっています。だって今までは財産の増減は損益計算書の損益と一致していたとしていましたよね。ところがその他有価証券の評価損を純資産のマイナスで処理してしまうと、財産が損益計算書に関係なく減ってしまいますよ」

舞衣「ごめんなさい。何をおっしゃっているのか分からないわ」

美彩「例えば当期純利益が三億円あったら、資本の純増も三億円だというのがクリーン・サープラス関係でしたよね。でもここに期間損益計算と関係ない、つまり損益の勘定科目ではない評価差額にマイナス二億円があると、資本の純増が一億円となってしまって当期純利益三億円と一致しなくなってしまうじゃないですか」

真冬「でも、それではクリーン・サープラス関係が成り立たなくなってしまいます！」

美彩「そうなの。株式市場というものができて投資家への情報提供というものが重要になってくると、クリーン・サープラスは切断されちゃう運命なの」

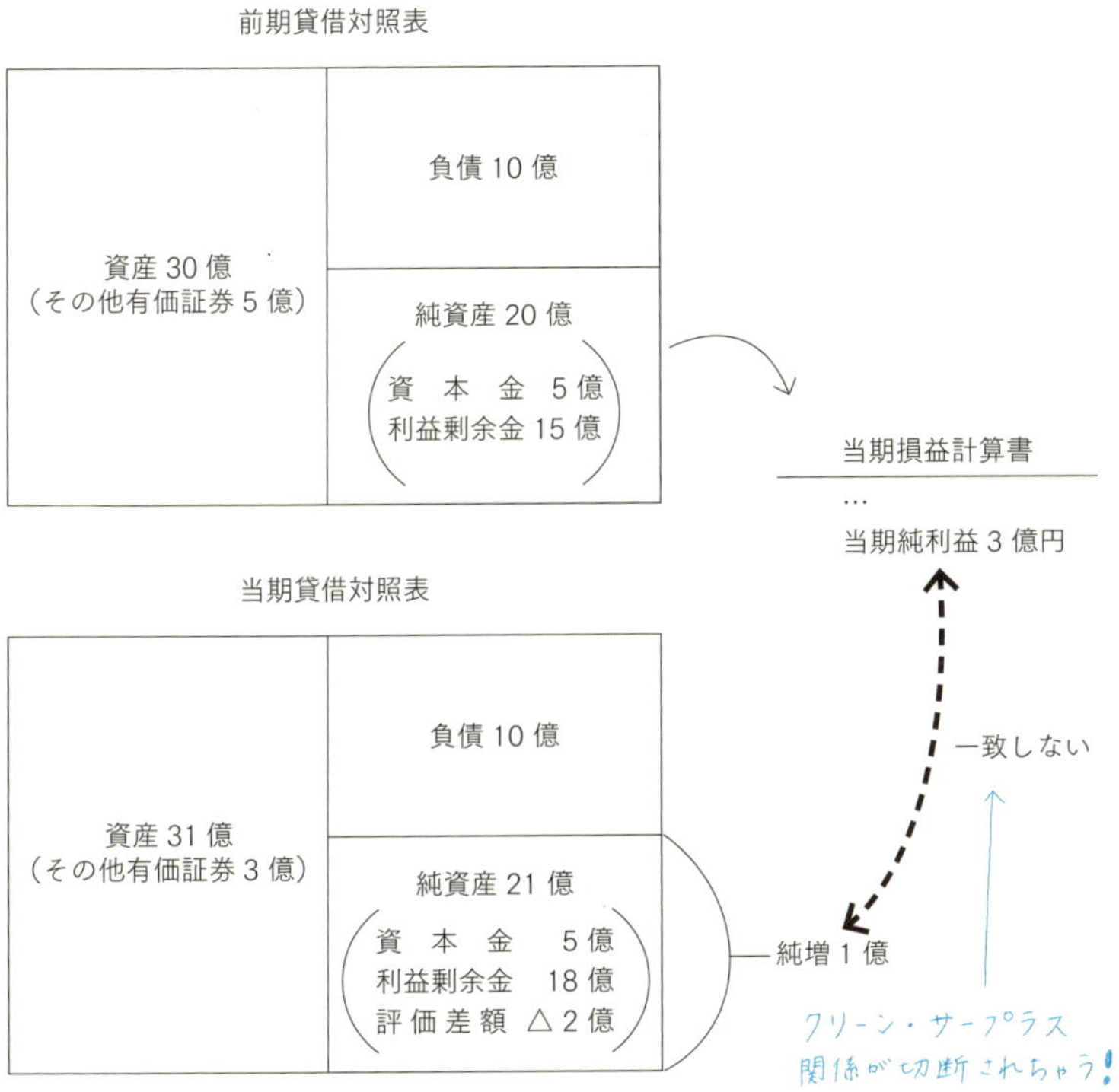
前期貸借対照表
資産30億
（その他有価証券5億）
負債10億
純資産20億
資　本　金　5億
利益剰余金 15億
当期損益計算書
…
当期純利益3億円
当期貸借対照表
資産31億
（その他有価証券3億）
負債10億
純資産21億
資　本　金　　5億
利益剰余金　18億
評 価 差 額 △2億
純増1億
一致しない
クリーン・サープラス
関係が切断されちゃう！

幕間

乃木ちこ事務室　エヴァンゲリスト

ナレーション

美彩が主張したその他有価証券の評価差額による処理とクリーン・サープラス関係の切断が株式会社の会計処理に導入が決まると、民衆は平成の世の偶像のように美彩を崇めるようになる。

三本物産の子会社となった乃木ちこは、惣次郎が主導して焼酎の販売網を再整備し、美彩を使ったラジオＣＭを大量に流すなど規模の拡大を目指した戦略へと大きく舵を切った。

特に美彩のＣＭが話題となり、戦後不況の暗い世相の中、格安のハイカラ焼酎が爆発的な人気を博すようになる。

美彩が有名になるにつれ多くの貴族や商人が乃木ちこの株式を欲しがるようになり、惣次郎は有力貴族たちに株を配った。

そして惣次郎は、乃木ちこが株式市場への上場を目指すとマスコミに情報をリークする。

美彩と貴己が事務室の机に隣り合わせに座って新聞を見ながら談笑している。

美彩「この新聞、『会計の女神が日本経済を救う』とかずいぶん大げさに書いてる。私、恥ずかしくてもう外歩けないよ」

貴己「こっちの新聞には『資本主義の女神』だってさ。しかし次から次へといろんな称号が君にはつくね」

美彩「最近、少女っていう言葉がつかないなあ」

貴己「贅沢だよ。女神じゃ不服かい？」

美彩「とんでもないです。女神だなんて、畏《おそ》れ多いです」

両手を胸の前で組み合わせて祈るようなポーズをする美彩。

貴己「こっちは『焼酎会社のヒロイン誕生か』となってるね」

美彩「乃木ちこが東京証券取引所へ上場を目指す、って惣次郎様がマスコミにリークしただけで、こんなにインパクトがあるなんて予想しなかったな」

貴己「うちの父はマスコミ関係にも強いからかなり手は回しただろうけど、それより不況まっただ中の今の日本にとって、君は救世主なんだよ」

美彩「今度は救世主？　私って忙しい……」

貴己「こういう不況の暗い世相のときって、みんな何かに救いを求めたがるものだろう。特に君のような若くて美しい女性は偶像としてはもってこいだからね。複式の女神様は迷える子羊たちの導き手とならなきゃね」

美彩　「子供は好きだよ、私」

貴己　「まあ男なんて、何歳になっても女神を崇拝する子供みたいなものだから」

美彩　「森田社長みたいなこと言うね」

貴己　「森田社長？　何のこと？」

美彩　「あっ、何でもない……それより今日の酒屋での店頭販売は例のあそこだよ」

貴己　「前回街全体がパニックになったとこだね。君を一目見ようとあんなに人が殺到するようになったのはあの頃からだったなぁ」

美彩　「私も人に押しつぶされそうでちょっと怖かった」

貴己　「今回は運営スタッフを倍に増やしたから大丈夫だよ」

美彩　「店頭販売に人がたくさん来てくれるのは嬉しいんだけど、焼酎を買いに来てくれているのか、面白半分に私を見に来ているのか分からない」

貴己　「いいじゃないか、焼酎の会社の社長を見たいとたくさんの人が集まってくるなんて、ありがたいことだよ」

美彩　「もちろんそうだけど……」

貴己　「ラジオＣＭで君の声を聞いて『ハイカラ焼酎』を飲みたいと思った人もたくさんいるみたいだし、君は名実ともに乃木ちこの顔となったんだ」

美彩「ラジオなのに顔だなんて、それって冗談？」
貴己「いや、そういうわけでは……」
苦笑して髪をかき上げる貴己。
美彩「でもあんなに大量のラジオCMを流して日本全国全ての街の酒屋にハイカラ焼酎を並べるなんて、惣次郎様も大胆よね。ものすごい物量作戦だもの。やっぱり商人としてのスケールが違う」
貴己「規模こそ商売の肝《きも》だと信じている人だから……それで儲かるとは限らないけどね」
美彩「でも実際こんなに『ハイカラ焼酎』に火がついたじゃない。このブームは私じゃなくて惣次郎様のマーケティング戦略の力よ。パブリック・リレーションズってやつよね」
貴己「マーケティング戦略？　パブリック・リレーションズ？　……君って、たまに難しい用語使うよね」
美彩「えっ？　そう？　どこかで聞いた覚えがあるんだけど？　貴己さんからじゃなかったっけ？　……消費者にハイカラ焼酎を気づかせて、ハイカラ焼酎が飲みたい！　と思わせて、ファンになってもらう。最後にはお得意様自身がハイカラ焼酎ってすごくいいよって発信してくれてファンを自分で広げてくれる……確か……エヴァンゲなんとかって、言ったと思ったけど……」

貴己　「女性でも美味しく飲めるということを気づかせたいとかは前言ったと思うけど、エヴァンゲとかは僕は知らない……複式のことといい、君ってときどき、本当にこの世界の人間じゃないみたいだ」

美彩　「やめてよ、真冬みたいなこと言うの。私はれっきとした人間です」

美彩は立ち上がって片足を貴己の前で高くあげてみせる。

美彩　「ほら、ちゃんと足あるよ」

貴己　「……女神は、そんなことしてはダメだ」

美彩　「ダメかなあ」

不敵に笑った美彩は棚から二つのコップを取り出し、水差しの水を注ぎ始める。

美彩　「惣次郎様はできる限り早く株式市場に上場しなさいと言っているけど、上場するのって大変なんでしょう?」

貴己　「利益がいくら以上なければならないとかいろいろ基準はあるけど、乃木ちこはこのままいけばクリアできると思う。利幅《りはば》の大きい本格焼酎『美彩』も売上を伸ばしているから利益は確保できるはず」

貴己の前にコップを一つ置き、美彩は立ったまま美味しそうに水を飲む。

美彩「嬉しいなあ、『美彩』をみんなが飲んでくれて」

貴己「それも君がこの世界に複式を広めたのがきっかけで、機械工業が発展して株式市場まで創設され、しかもクリーン・サープラス関係を切断した会計処理なんて普通の人間では考えもつかないことまで成し遂げて、君自身がそれこそ崇拝したくなるような存在となったからだよ」

（……また森田社長と同じこと言ってる）

貴己「酒屋の店頭販売に立った君を一目見ようと、街全体の人たちが我先にと集まってくるのも分かる」

（それもみんな複式簿記の知識が私にあったからだよね。そんなに特殊な知識じゃないのに……複式簿記がこの世界も、そして私自身も変えてくれた）

第13幕

乃木ちこ株主総会会場

―複式簿記と資本主義経済―

ナレーション

乃木ちこが株式市場への上場を目指すことを意思決定する臨時株主総会の日を迎えようとしていた。

乃木ちこが株式市場に上場すれば、その株を求める人が証券会社に列をなすだろうと言われ、戦後不況にあえぐこの世界の日本には唯一の明るい話題となった。

しかしその株主総会の当日、大きなニュースが民衆を驚かす。

政府は配当課税の断念に続いて、法人税創設および所得税の累進課税導入をも先送りすることを決めた。有力貴族たちや大商人たちからの強い反対にあったためであった。

これに反発した民衆は次々と国会議事堂に集結し始めた。

国会議事堂近くのホテルで行なわれる乃木ちこ株主総会会場に、美彩は朝一番でやってくる。
一列に並べられた役員席の一つに座り、周りを見渡す。

美彩「もうすぐ社長になって初めての株主総会が始まる……。私が社長で上場を目指すことになるなんて信じられない……私の周りで何かが変わったのは開化堂からだったなあ。開化堂、懐かしい。そういえば田所店長どうしてるかな。井上子爵が大蔵卿を失脚して開化堂に戻ったって聞いたけど、私を裏切った罰を与えなきゃ。いっぱい焼酎買ってもらおっと……あれは確か音楽女学校を卒業するかしないかの頃だったなあ。あれから歌を歌うことはなくなったけど、別な舞台で少しは活躍できたかな。この私がこれから上場を目指そうというんだからものすごい成長だと思うけど、でも自分で何かしたっていう実感はない。みんなに助けられてここまで来たというか、みんなが一生懸命道を作ってくれて、それを私は歩んできたというか、そんな感覚しかない……」

貴己が会場に入ってくる。

貴己「おはよう、早いね」

貴己「国会議事堂前の広場に民衆が集まっていたよ。このまま大規模なデモなんかにならなければいいけど」

美彩「私が来たときもたくさんいた。みんな興奮してて怖かった……税の先送りって、やっぱり惣次郎様たちの圧力？」

貴己「たぶんね。この前成立した工場法も施行が五年遅れることになったみたいだし、これも含めて父が裏で動いたことは確実だよ」

美彩「五年も遅れるなんて、なぜ？」

貴己「工場法は十二歳未満の就業禁止とか十五歳未満の子供や女子には一日十二時間を超える長時間労働をさせてはいけないとか、月に最低二回以上休日を設けなければならないとか、大量生産が必要な産業の経営者にとっては都合が悪い事柄ばっかりだからね」

美彩「紡績会社はまだ子供を働かせているの？」

貴己「人手が足りないんだよ。特にうちの父の三本紡績は作って作って作りまくって市場へ大量供給してシェア独占を目論《もくろ》んでいるだろう。一年三百六十五日二十四時間フル稼働が信条だから、安く雇える子供は大切な働き手ということになる」

美彩「自分の会社の売上が労働者の犠牲で成り立っているなんて、嫌じゃないのかな」

貴己「乃木ちこの社員だってどう思っているか分からないよ。特に僕はこう見えても一応貴族だし、自分たちは搾取《さくしゅ》されていると考えているかもしれない」
美彩「そんなわけないでしょう。だってうちは他に比べたら給料はいいはずだし」
貴己「それは経営者である僕たちの発想だろう。給料を支払うほうと受け取るほうはもともとの基準が違うものだよ。僕たちが十分支払っていると思っていても、労働者のほうはいつも不満ばかりためているかもしれない」
美彩「そんなこと言うのやめて。なんだか哀しくなる」
美彩は長い脚を伸ばして隣の椅子を無意識に揺らし始める。
貴己「ごめんごめん。乃木ちこは君と一緒に働きたいと思っている人たちばかりだから心配ないよ。僕を含めて役職員全員、美彩社長の仲間であることに喜びを感じているからこそここで働いている。みんなが美彩社長の焼酎に対する思い、健全な利益という君の経営に対する思いに共感して、それを自ら世間に広めたいと願って行動している。リーダーの君を慕って集まったフォロワーたち、乃木ちこってそういう組織だよ。できれば僕が君の一番のフォロワーになりたいけど……」
最後の言葉を聞いて美彩の頬が少し赤らむ。
惣次郎が怖い顔をして駆けるように入ってきて、雑誌を机の上に投げ置く。

雑誌の表紙には「資本主義の女神は粉飾と貢ぎ物がお好き！」と書かれている。

惣次郎　「君のクリーンなイメージはこれで終わりだ」

美彩　「これって……」

惣次郎　「せっかく君は実業で成功したヒロインとして日本の希望のような存在になっていたが、この記事で台無しだ」

美彩　「どうして記事が……」

惣次郎　「関東日日新聞の木下記者はわしが押さえたが、これは違うソースからの情報らしい」

貴己　「木下記者を押さえたというのは？」

惣次郎　「木下のことなどどうでもいい。問題はこの記事にどう対処するかだ」

貴己が雑誌を手に取りページをめくり始める。

貴己　「こんなの、嘘だよね」

美彩が貴己から雑誌を受け取り記事を読む。

美彩　「……」

（そんな、私はそんなつもりじゃなかったんだってば。分かって、貴己さん。粉飾には私は関わっていないし、森田社長からの贈り物は全部もう返したの……）

美彩は押し黙って下を向いて記事から目を離さない。

美彩　「……」

（あれっ？　私、喋ってない……これって……これって、また〈この世界の美彩〉と分裂しちゃってる？　……）

貴己　「どうなんだい、美彩君。黙ってないでなんとか言ってくれよ」

美彩　「……」

惣次郎　「内容が真実かどうかなど関係がないと言っておるだろう。読んでいる民衆にとってみれば書いてあることが全てだ」

（……ちょっと、早く何か言いなさいよ、美彩！　早く！）

美彩　「……」

惣次郎　「この記事を境《さかい》に世間は一変して君を欲望にまみれた資本主義の権化《ごんげ》として白い目で見るようになるだろうの」

真冬　「もうそうなっていますよ」

真冬が一枚のビラを持って会場に現れる。

（真冬がなんでここに……）

貴己　「真冬君、どうしたんだい？」

真冬　「国会前のデモに加わろうと思って来たんですけど、こんなビラを森田教授が配っていたんで」

『衛藤美彩は資本家の魔女である！　その証拠に複式などというこの世界を歪めてしまった道具を生みだしたではないか』というビラを真冬は美彩に渡す。

（森田教授がどうしてこんなことを……私への当てつけ？　……）

美彩がビラと雑誌をもう見たくないとばかりに机に投げると、真冬が雑誌を手に取る。

貴己「その記事、読まないほうがいいよ。ひどい誹謗中傷だらけだから」

真冬「この雑誌に書いてあること、私が喋ったんです」

一同、唖然として真冬を見る。

（何それ？　どういうこと？　真冬が私を売った？　……）

貴己「どういうことだい？　言っている意味が分からない」

真冬「私が雑誌の取材を受けたんです。というか、私から売り込んだんです」

貴己「何のために？」

真冬「美彩さんの本当の姿を暴くために」

（私の本当の姿って？　……）

真冬「貴己様は、ここにいる美彩さんが本当の美彩さんだと思いますか？」

貴己「突然何を言い出すんだい？」

真冬「美彩さんは開化堂のときから突然変わりました。今では話し方なんか別人です。あのとき、開化堂で仕訳の説明を初めてしたとき、美彩さんは頭の中で声が聞こえるって言っていましたよね。複式はその頭の中にいた別な世界の人があなたに教えたんじゃないんですか？　そうじゃなければ突然あなたが複式簿記を思いつくなんて考えられない。だって音楽女学校では美彩さんは歌にしか興味がなかったじゃないですか」

美彩「……」

（ちょっと、美彩！　なんとか反論しなさいよ）

貴己「真冬君、君はSF小説とかの読みすぎじゃないか」

真冬「じゃあ貴己様は美彩さんが複式を生みだしたことの説明がつくんですか？」

貴己「いや、それは美彩君の才能かと」

真冬「歌にしか興味がなかった女の子が？」

惣次郎「そんなことはどうでもいい。今はこの風評リスクにどう対処するかだ。上場をいったん延期せねばならんかもしれん」

貴己「どうでもよくはないでしょ、父さん。この記事には乃木ちこは前期の決算で粉飾をしており、それを実行したのは当時の森田社長だが裏で指示したのは株主である順啓様と、そしてやり口を考えたのは美彩君だと書いてあるんですよ」

惣次郎　「それは事実だからどうしようもない」

美彩　（私は粉飾には関わっていません！）

惣次郎　「……」

「わしもなんとか世に出ないようにと木下記者を金で押さえたんだが、まさか身内のような人間が別の記者に喋るとは。いったい君はその事実をどこで知ったんだ」

貴己　「父さんは粉飾のことを知っていたんですか？」

惣次郎　「そんなことはどうでもよかろう」

貴己　「そうか……そもそも、その木下記者に乃木ちこを調べさせたのは父さんなんですね」

惣次郎　「何のためにそんなことを」

貴己　「順啓様を脅すネタを探すために……つまり、この乃木ちこを手に入れるためです」

惣次郎　「貴己にしてはいい推理だ。褒めてやろう」

貴己　「突然順啓様が株式を全て三本物産に売り渡すなんておかしいと思っていた

んだ……その貪欲さが結局、美彩君を窮地に追いやることになった……。貴子姉さんのときと一緒だ。あなたの貪欲さのおかげで、どんどん人が不幸になっていく」

その言葉に惣次郎がいきり立つ。

惣次郎「わしが貪欲な人間だと！　確かにわしに比べれば順啓はジェントルマンであり家庭人としてもいい夫でありいい父親でもあったろう。だがどうだ、美彩君。そんなよき父親も君への愛のために今や粉飾決算の汚名にまみれようとしている。彼にとっては命取りになるかもしれん。そして彼の息子純一はどうだ。舞衣様という婚約者がありながら、まるで文学青年みたいに君への熱にうなされ欧州へ逃避行だ。森田教授はどうだ。あれほど聡明で教養に溢れていたのに、彼もまた君への欲望と羨望《せんぼう》とねたみが入り交じり、この乃木ちこを追い出されてしまっている。こいつらが皆わしよりもまともな人間だと言うのか、ええ、どうだ美彩君！」

美彩「……」

（どうしたのよ、美彩。なぜ黙っているのよ。私だって言いたいことはたくさんあるのに）

惣次郎「それに貴子は陛下がご所望なさっただけだ」

貴己　「ご所望？　……姉さんはモノじゃないぞ。あなたは冷酷すぎるんだ。他人にも自分の家族にも」

惣次郎　「陛下に気に入られ第二后妃となれたことは名誉なことであり、お前にとやかく言われる筋合いではない。お前の母さんが芸者上がりでわしの愛人だったから、貴子の境遇を母さんと重ね合わせているのか？　それはお前の勝手な想像だ。貴子は第二后妃となれたことを誇りに思っているはず」

貴己　「貴子姉さんは第二后妃になんかなりたくなかったんだ。好きな男の人がいたんだよ。帝大の僕の友人で農家の出身だけどすごく優秀なやつだった。知らなかっただろう、あなたは」

惣次郎　「そんなこと知る必要などない。もうその話はやめだ。三本グループの役員たちと今後の方針を話し合ってくる」

美彩　「ちょっと待ってください」

と美彩は立ち上がった瞬間、目の前の部屋が急に歪み始め、机が並んだ会場の風景と激しい光が飛び交うどこか別の光景が二重写しのように重なる。度の合わない強いメガネをかけたときのような激しいめまいに襲われ、美彩はその場でバタンと倒れてしまう。

慌てて貴己が美彩を抱き起こす。惣次郎はその様子にちらっと目をやったが、すぐに会場の外へ出て行ってしまう。

貴己「大丈夫か、美彩君」

美彩「ごめんなさい。なんだか急にめまいがして。もう大丈夫」

貴己「とりあえず椅子に座ろう」

貴己は美彩を抱え上げ、椅子に座らせる。

美彩「急に目の前に別の風景が重なって……」

真冬「別な風景が重なる……やっぱり美彩さん、あなたは別の世界の美彩さんと重ね合わさっているんじゃないですか。複式の仕訳のように」

貴己「真冬君、こんなときに冗談言うのはやめよう」

真冬「冗談ではありません。それしか美彩さんの変貌を説明できない」

貴己「もうやめてくれ。今はそんな話をしている場合じゃない」

真冬は鋭い顔で貴己を睨む。

真冬「そんな場合じゃない？　私はずっと耐えてきたんです。貴己様、あなたのお父様の三本紡績で四年間、死にものぐるいで働いたんです。働きながら寝る時間を削って社会についての勉強もしました。なんでもっと早くから勉強しなかったんだろうって悔やみながら必死に本を読みました。歌にしか興味がなかった女学校時代が本当に無駄だった。だから私は今、話したい」

貴己「それは……」

美彩「言いたいことがあるんなら、何でも言って。私はもう大丈夫だから」

真冬「別な世界のあなたが複式なんてこの世界に持ち込まなければ、私の実家だって潰れることがなかった。みんな今に満足して楽しく暮らせていたのに、あなたがそれを壊してしまった。今の格差社会は美彩さんの複式が生んだとも言えるんです。曖昧だった差異の計算を美彩さんの複式が明確にしてしまったから、みんな利益だの効率だのとうるさくなってしまった。一定の時間のうちに一定の仕事をこなさなければならないという発想は複式と株式会社がなければ生まれなかったと思います。人間を機械のように働かせるようにした原因の一人は、美彩さんなんですよ」

美彩「それは複式簿記のせいじゃないよ。複式簿記はただの記録方法だよ。そこに記録する取引自体が変わっただけ」

真冬「でも大規模な機械工業はあなたの複式がもたらした現実の変化です。その現実の変化がそれまで穏やかだった資本家と労働者の紛争を激化させたんです。複式は庶民を楽にするどころか所得の格差を以前よりもさらに一層ひどくして、庶民の希望を現実に打ち砕いた」

美彩「それは希望を砕いたんじゃない。新しい世の中が始まる前兆だってば。今までのように貴族の人たちに支配されている世の中がよかったとでも言うの？　満ち足りることは大切だけど、何かを求めて突っ走ることだって必要じゃない？　これからようやく、一部の資本家だけではなく、誰でもがそこにチャンスがあることを知り、そして望む人全てが参加でき、みんなで一緒につくりあげていく新しい市場経済が立ち上がろうとしているんだよ。みんなの喜びのために、みんなで一緒につくっていく社会。これからはみんなが資本家になれる、そういう新しい時代がもうすぐ来るの！」

真冬　「夢を語るときだけは、女学校時代の美彩さんと変わらないですね」

美彩　「私は今でも歌が好き。歌が歌える舞台があるなら今だってそこに立ちたい。この数年間乃木ちこを大きくすることだけを考えてきたけど、女学校時代が無駄だったなんて考えたことは一度もなかった。あの頃の純粋に夢を追っていた生き方を否定なんかしないでよ。哀しくなるじゃない」

真冬　「私だって歌は好きです……歌が歌えるんならどれだけ幸せか……でも食べていくことがどれだけ大変なのか知ってしまったら、歌を歌っている暇なんてないです……私、もう行かなくては。これで失礼します」

真冬が目頭を押さえながら会場を後にする。

（どうして？　真冬……）

貴己　「気にすることないよ。真冬君は前から少し変な子だったから。本の読みすぎなだけだよ」

美彩　「真冬が言っていること当たっている気もする。なんだか生きづらい世の中になってしまったのかなあ、って」

貴己　「何かを破壊して新しいものを生みだすという過程こそが、経済の本質なんだし、えてして新しいものは旧《ふる》いものと並んで現れるものだから、旧いやり方の商人が没落していくのは仕方がない。真冬君の実家がそうなってしまったのはかわいそうだが」

美彩　「大資本による大企業が真冬の実家を潰したのね、きっと」

貴己　「株式会社はこれからの経済を担う器なんだから、破壊と創造という永久連環の中に生きなければならないのは宿命だよ」

美彩　「格好いいこと言いますね。森田教授みたい」

貴己　「僕はこう見えても森田教授の一番弟子だと自負しているんでね」

二人は軽く微笑むが、心からの笑顔ではなく顔は引きつっている。

貴己　「それより、あれは本当なのかい？」

美彩　「森田社長が粉飾決算をしていたこと？　私は指導なんかしてない。それにあの粉飾は今期修正済みです」

貴己「……粉飾を行なっていたことは事実なんだね」
美彩「それは……」
貴己「では上場は延期だね。複式少女の会社が粉飾をやっていたなんて、しばらくは社会からものすごいバッシングを受ける。でもなぜ隠していたんだい。僕にまで」
美彩「変なことで煩《わずら》わしたくないと思って」
貴己「それはないだろう。僕だって乃木ちこの取締役だよ。こんな大問題を同じ取締役である僕にまで隠すなんて……それじゃあ仲間とは言えないじゃないか」
美彩「ごめんなさい。こんな大事《おおごと》になるなんて予想してなかった。私の勉強不足でした」
美彩は素直に頭を下げる。
貴己「貢ぎ物の話は？」
美彩「ごめんなさい。もらっていたことは本当です。でも全部というか、ほとんど返しました。会社のお金で買ったものなんて受け取れないので」
貴己「愛人……をしていたと、書いてあるけど」
美彩「それは嘘です。真冬がそんなこと言うなんて信じられない」

貴己　「大衆雑誌だから大げさに脚色されているんだろうけど……順啓様からもかなりのものを受け取っていたと書いてある」

美彩　「それは……本当です……」

美彩は顔を両手で被う。

美彩　「もうなんて言っていいか分からない。でも私はどうすればよかったの。受け取らないで拒否すればよかったの?」

貴己　「そうは言わない。ただ、言ってほしかった。僕だけには」

貴己　（そんなこと、言えるわけないじゃない……）

「さっき僕は君の第一のフォロワーになりたいと言ったばかりだが、これじゃあ君についていくことができない」

美彩　「じゃあ、私から離れるの? 真冬も純一さんも、そしてあなたまで、どこかに行ってしまうの?」

貴己　「僕は乃木ちこの取締役だから逃げたりはしない。この会社の信頼回復のために全力を尽くすよ。君のことも今まで通り応援する……それからのことは、乃木ちこが立ち直ってから考えるよ」

二人は視線をそらしてしばらく黙る。

貴己　「ちょっと外の様子を見てくる」

グーテ「ヴィルヘルム・マイスターの修業時代」の一節

美彩

そう言うと貴己は会場の外に出て行く。

美彩はビラを手に持って眺める。

「資本家の魔女か……私はこの世界では魔女だったのかもね。複式簿記なんていう魔法を世の中に放ってしまった魔女。それがこの世界を歪めてしまった……かどうかは私には分からない。第一、複式簿記で歪められてしまう世界なんて、脆すぎるよ……でもなんで複式なんだろう。なんで借方と貸方の左右に分けて記録するんだろう。人間の目が左右二つだから？　手も足も左右二つだし……よく考えてみれば不思議。なんでこんな複式が全世界で統一された方法なんだろう。言葉は世界でこんなに違うのに。長さとか重さの単位だって国によってまちまちなのに。複式簿記だけは世界共通の言語……そういえば有名な小説の一節に、複式簿記は人類が産んだ最高の発明の一つだ、みたいな言葉あったよね。でもこれってもといた世界の話か……もといた世界？　……それって何だっけ？　ことは別の世界？　じゃあここはどこ？　……なんだか最近自分がよく分からない。どこか肌がちくちくするような違和感――この世界はどこか違うぞって体中の細胞が叫んでいるような――そんな違和感を感じるけど、ここは私が生まれ育った世界のはずだし……ああ女学校時代に戻りたいな。　歌のことだけ考えていたあの時代に……でも本当に戻りたい？　ううん、戻りたくなんかない。今が一番充実している。そうだよ、私はもう女学校時代の私じゃない。株式会社乃木ちこの代表取締役。たとえ歌は歌えなくても、私がすることで喜んでくれる人の顔をたくさん見たい……そう、私は聴き手にはなれない。たとえ歌とは関係なくても、どんな舞台でもいいから、私は前に立って何かを自分で演じたい」

終幕

同乃木ちこ株主総会会場

貴己が株主総会会場の外に出ると、森田が立っていた。森田は大量のビラを抱えて持っており、道行く人々に「ここに資本家の魔女がいるぞお」と叫びながら配っていた。

「森田教授、何をされているんですか」

「衛藤美彩を乃木ちこの社長から引きずり降ろそうと思ってね」

「いったいどうしたんですか、先生。そんなことをしても何の意味もないでしょう」

貴己はビラが配れないように森田の前に立ちはだかる。

「君は真実を知ってもそう言えるかね」

「真実……雑誌に書かれていたことですか?」

「あれは美彩君の真実の姿のごく一部に過ぎない。貴己君は美彩君――いや、あの資本家の魔女が純一君をたぶらかしていたことを知っていたかね」

「たぶらかすって、どういうことですか」

「君があの魔女に好感を抱いているのは僕も知っている。だがね、彼女はまさに資本家の魔女なんだよ。三本家と清原家という日本でも有数の資本家の財産目当てで君と純一君両方に近づいた」

いい加減にしてください、と貴己は森田の肩を掴んだ。

「僕は見てしまったんだよ。純一君と美彩君がキスをしているのをね」

「まさか……」

森田は貴己の腕を振り払い、少し後ずさりして大勢の群衆がうごめいているのを見渡した。

「なぜ純一君が欧州旅行に立ってしまったか、君は知らんだろう。あの魔女にいいように遊ばれたうえに、突然捨てられたからだ」

「そんなの教授の勝手な妄想ですよ」

「そう思うかね。では真実を君の父親に聞くといい」

「父に？　父とどう関係があるんです？」

「資本家の魔女より大商人三本惣次郎のほうが一枚上手《うわて》だったということだよ」

「おっしゃっている意味が分かりません」

「あの雑誌の記事、本当は誰が書かせたか知っているかい？」

「真冬君が自分で売り込んだと言っていました」

「真冬君もいいように使われただけだよ。全ては君の父親の仕掛けでしかなかった。もともと美彩君も君に対しては純粋に好感を持っていたんだろう。純一君は純一君で舞衣様がいながら美彩君に惹かれていた。それを見た惣次郎殿が贅沢の味を美彩君に教えたんだよ。豪華な貢ぎ物でね。美彩君に貢ぎ物を始めたのは私でも順啓殿でもない、惣次郎殿なんだ。一度贅沢の味を覚えた人間は、女性に限らず手がつけられんものさ。美彩君自身にも止められないほどの欲望というものが生まれてきてしまう。しかも株式会社が立ち上がり、乃木ちこが設立され、自分はまるで資本主義経済のど真ん中にいるような気分となって、欲望が理性を突き破ってしまったんだろうな。もっと欲しい、もっと欲しいという欲求から、彼女は君と純一君を両天秤にかけるようになった。どっちがより多くの資産を自分にもたらしてくれるか、いや、あわよくば両方から吸い取ってやろうかと無意識のうちに思っていたかもしれない」

森田の目はどこまでも暗く沈んでいって、そこには以前の聡明さはどこにも見ることができなかった。貴己はそんなかつての恩師の姿に自分まで哀しい気持ちでいっぱいになった。

「それこそ教授の妄想でしょう。それに教授からもらった贈り物は全て返したと美彩君は言っています」

「確かに返してもらったよ。だがそれも惣次郎殿の策略だ。雑誌にあんなことを書かれては美彩君も返さざるを得ないだろう。だが記事には惣次郎殿のことは何も書かれていない。つまり僕や順啓殿を追い落とすために惣次郎殿があの記事を書かせたのさ」

「あんな記事が世に出たら美彩君の評判が落ちるだけじゃないですか」

「分からんかね。いったんどん底に美彩君をたたき落とすためだよ。どん底まで落ちた美彩君を自分が救い出して、そして美彩君を完全に自分のものにするためにね。そうだ、美彩君は君の新しい母親になるかもしれないね」

「いい加減にしてください。確かにうちの父は自分の利益になるためだったら何でもする人です。貴子姉さんのときも……でもきっと美彩君はそんな企《たくら》みなど知らずに、純粋に僕たちのことを仲間だと思っていただけです。僕は美彩君を信じます。彼女は僕たちを天秤にかけるような女性ではない。森田教授のことだって彼女はずっと心配していて、いつかは乃木ちこに戻って来てほしいと言っていたんですよ。前みたいにみんなが同じ目標に向かって走ることができる仲間に戻りたいって」

「仲間ねえ……僕は仲間などではなく美彩君が欲しかった……」

「それこそ教授の身勝手な欲望じゃないですか。自分でも止められないほどの欲望にまみれてしまったのは教授のほうです。教授、目を覚ましてください。僕も父に真実を問い詰めてきます。もし教授のおっしゃる通り、全てが父の画策によるものだったら、僕はもう父を許さない。三本家を飛び出します」

そう言うと貴己は三本物産の本社ビルがある方向へ走って行った。

＊　＊　＊

乃木ちこ株主総会会場そばの国会議事堂の広場には多くの民衆が集結していた。貴族議員たちによる法人税と累進課税の見送りへの反発と憤《いきどお》りが充満する異常な雰囲気の中、彼らの顔は皆怒りに歪み、異常な熱は爆発寸前だった。

一部の民衆がフェンスを乗り越え、国会議事堂になだれ込んでいく。

「我々が99%だ！」

群衆の一部が森田教授が配った「衛藤美彩は資本家の魔女である！」というチラシを手にして「魔女狩りだ！」と叫びながら乃木ちこ株主総会会場の方角へ動き始める。

その総会会場には森田教授が株主として出席していた。

時刻は総会開始時間を過ぎていたが貴己がまだ帰ってきていなかった。なかなか始まらないことに会場内がざわつき始めたため、仕方なく美彩は貴己を待たずに総会を開始することにした。

白羅紗《らしゃ》のワンピースに身を包み、首には大粒の真珠のネックレスをした美彩が壇上に立つ。

「株主の皆様、お待たせいたしました。これより、株式会社乃木ちこの臨時株主総会を開催いたします」

「動議！」

森田が突然立ち上がり叫ぶ。

「衛藤美彩は資本家に取り入る魔女である！　それが証拠に複式などという資本家にとってまたとない道具を生みだした。そんな魔女は乃木ちこには必要ない！　解任を要求する！」

議場は騒然とする。

「ただいま、私、衛藤の代表取締役解任動議が提出されましたが、皆様のお手許にある招集ご通知に記載の通り――」

「議長交代！　魔女が議長をしていること自体おかしい。議長交代せよ」

森田は壇上の議長席に駆け寄ろうとしたが、会場裏から貴己が飛び出してきてすんでのところで森田を押さえ込んだ。貴己のシャツは血で真っ赤に染まっていた。

「貴己さん、その血は」

美彩がそう叫ぼうとしたとき、轟音とともに会場のドアが蹴破られる。

群衆が「魔女がいるぞお！」と叫びながら会場になだれ込んでくる。

「美彩君、逃げろ！」

貴己が美彩を振り返りながら叫ぶ。

美彩は硬直してからだが動かない。

社員が列を組んで演壇の裾に立ちふさがり群衆を押しとどめようともみ合いになる。群衆の一番前には真冬が立っていた。

「美彩さん！　あなたはこの世界にはいてはいけな……」

真冬が何か叫んだが、その声は美彩に届かない。

貴己が群衆の一人に殴られる。

美彩は目の前に繰り広げられている情景を呆然と眺めている。

森田がそのすきに壇上に駆け上がり、美彩に手を掛けようとしたその刹那、美彩の目の前が激しく眩い光に包まれ、突然美彩は気を失った。

エピローグ

気づくと、美彩は机に突っ伏していた。

おもむろに顔を上げると目の前に公認会計士の先生や出版社の人たちが困ったような表情をして座っていた。

（まさか、あり得ない……）

美彩は大きな瞳を開けて部屋の中を見渡した。

（夢？）

「大丈夫？　このまま続けられそう？」

そう言っている先生の言葉など美彩には全く耳に入らなかった。

（あり得ないよ、だって今さっき株主総会にデモ隊が乱入してきて、そこに真冬もいて……貴己さんが私のことかばって……）

「やっぱりいったん休憩しましょうか」

「そうですね、そうしましょう」

スタッフが水の入った紙コップを美彩の前に置いた。

「これ、甘いものを買ってきたので」

出版社の人がシベリアというお菓子を前に置く。

美彩は無意識に手を出して一口ほおばった。突然、現実感に目覚めた。それはまさに突然だった。全てを理解したかのように、美彩はいつもの衛藤美彩に戻った。

「私、何分ぐらい机に突っ伏していました？」

「十分ぐらいかな」

(空白の十分……)

「大丈夫です。もうやれます。時間がもったいないので始めましょう」

「少し休んだほうが」

「もう十分すぎるぐらい休みました。早くやりたいです、この仕事」

それからの美彩は見違えるように講義の中身を理解し、先生の質問にも答えられ、積極的に自分でも意見を言うようになった。

あっという間に三時間が過ぎ、第一回目の講義が終了した。

「もう一冊、参考書を渡そうかどうか迷っていたんだけど、途中から急に理解が早くなったので大丈夫だと思う。次回までに読んでおいてくれるかな」

と言っていかにも難しそうな会計の専門書を先生が机に置いた。

(えー！　それ全部読むの？)

「見えません、先生、本が見えません」

大きな笑顔を見せて衛藤美彩は、よし頑張るぞ、と本を手に取った。

乃木坂46　衛藤美彩

「運命を感じた仕事」

高校で大変な思いをして勉強したのに、私が選んだ道は事務や経理の仕事ではなくアイドルでした。今思えば、せっかく学んだ簿記を生かせないもどかしさを心のどこかで感じていたのだと思います。だから、この仕事に出会えたときには運命を感じずにはいられませんでした。

とはいえ、始まってすぐに「難しすぎて、私には無理」と感じたのも事実です。共著者の澤昭人先生は、きっと私のできなさにびっくりしたと思います。それでも、私が楽しく簿記を学んで、物語を作る作業に集中できるように支えてくださいました。先生の熱意に触れるうちに、どこかで私にも「もっと本気で勉強しなければ」というスイッチが入ったと思います。そして、「自分ひとりでは出てこない言葉」「思いつかない発想」をたくさん引き出していただけました。

私には、パラレルワールドを舞台にした演技の仕事をしてみたいという夢があります。その意味でも、この本は運命を感じる仕事でした。

いつか、この作品が映像化のチャンスをいただけたら……夢はひろがります。そのためにも、どうかこの本が一人でも多くの読者に恵まれますように。

公認会計士　澤 昭人

「衛藤さんならではのパラレルワールド」

〈複式簿記がない世界〉に乃木坂46衛藤美彩が迷い込んだら、というSF的舞台を二人でシナリオ化する作業は、思っていた以上に時間と労力がかかりました。しかし、私の担当部分の文章が書けなくて止まってしまったということは一度もありませんでした。そのことが今でも不思議です。絶えず言葉がふっと湧いてくるというか、頭にアイデアがどんどん浮かんでくるという、今思い返しても自分がしたこととは実感できないほどの貴重な体験をさせてもらいました。その意味で、衛藤美彩さんの凄さというものに感心しっぱなしの半年間でした。まさに文芸の女神ミューズですね。

シナリオを共同で作り上げようという大胆不敵な作業には、衛藤さんもかなり苦労したと思います。舞台設定の背景を理解してもらうために三島由紀夫の「鹿鳴館」やシェイクスピアの「ヴェニスの商人」を読んでもらうなど宿題も容赦なく出しました。衛藤さんにとってはきっと予想外だった50時間を超えるそんな講義にもかかわらず、必死に食いついてこようとする姿はさすがトップアイドルです。この作品でそんな衛藤美彩さんの魅力とともに、簿記・会計の面白さを多くの方々に味わっていただければと願ってやみません。

解説

濱本　明（日本大学商学部准教授）

本作品は、簿記・会計をテーマとしたファンタジックな戯曲であり、このような作品が発表されるのは、我が国では勿論のこと、恐らく世界初であろう。複式簿記の構造や、簿記・会計なしでは資本主義の発展はあり得ないことを、初心者は本作品を通じて楽しく知ることができるが、その内容は骨太である。会計史、簿記理論を吟味して練られたと思われるシナリオの中で、複式簿記のメカニズムについて、精密機械の部品を一つ一つ分解して説明するように、緻密かつ段階的に解説が加えられていく。そして話は複式簿記にとどまらず、利益計算の目的や固定資産会計等の会計理論に及び、さらには重要な経営指標による財務諸表の読み方まで踏み込んでいく。また、近年の会計における主要課題であったクリーン・サープラス関係や不正会計等に関する問題提起もなされており、ある程度知識のある方にとっても、十分に読み応えのある一冊となっている。

物語では、複式簿記のない世界に迷い込んだ主人公が、複式簿記を用いて難事件を解決し、我が国に資本主義の萌芽をもたらす。資本主義の資本とは経済学では生産手段を示し、経営学では経営資源である財貨を示すが、これらは会計学における資産を意味する。資産の多くは現金、商品、建物という可視的、いわばリアルな情報である。しかし、会計は、これだけでなく、資産の調達源泉（負債・資本）や増減原因（収益・費用）といった不可視的、いわばヴァーチャルな情報も取り扱う。本作品では、このようなヴァーチャルとリアルの関係である会計の世界観を、主人公をパラレルワールドと現実世界を行き来させることによって見事に表現している。

また、作品中でしばしば主人公の優雅な美しさが強調されているが、これは物語における伏線としてだけでなく、複式簿記の「絶対に完全」である優美さを主人公になぞらえたものであろう。文豪ゲーテの作品内や数学者によって賞賛され、多くの会計学者による偉大な研究の原点となった、複式簿記の優美さを本作品で感じていただきたい。

参考文献

『21世紀の資本』トマ・ピケティ（山形浩生・守岡桜・森本正史訳、みすず書房）
『恋愛と贅沢と資本主義』ヴェルナー・ゾンバルト（金森誠也訳、講談社学術文庫）
『帳簿の世界史』ジェイコブ・ソール（村井章子訳、文藝春秋）
『経済発展の理論（上・下）』J・A・シュムペーター（塩野谷祐一・中山伊知郎・東畑精一訳、岩波文庫）
『鹿鳴館』三島由紀夫（新潮文庫）
『警視庁草紙（上・下）』山田風太郎（ちくま文庫）
『ヴェニスの商人』ウィリアム・シェイクスピア（福田恆存訳、新潮文庫）
『ヴィルヘルム・マイスターの修業時代（上・中・下）』J・W・v・ゲーテ（山崎章甫訳、岩波文庫）

パラレルワールドを舞台としたSF仕立てにするという着想は、
この企画が決まってすぐ電車の中で思いつきました。
衛藤さんの第一印象が私にそういう発想を浮かばせたのだと思います。

澤昭人

手書き文字（手のひらのイラスト含む）　衛藤美彩
撮影　Shu Tokonami
ヘア&メイクアップ　新山知佳
編集協力　鈴木初日
装丁　横田和巳（株式会社 光雅）
本文デザイン　安藤彩子（株式会社 光雅）

衛藤美彩（えとうみさ）

１９９３年生まれ。大分県出身。乃木坂46のメンバー。愛称はみさみさ、みさ先輩。２０１１年8月21日、乃木坂46第一期メンバーオーディションに合格。２０１３年、7thシングル『バレッタ』で選抜メンバー入り。２０１５年13thシングル『今、話したい誰かがいる』で1列目（フロント）メンバーに選出される。趣味は野球観戦。２０１５年、テレビ東京系テレビドラマ『初森ベマーズ』にシェリー役で出演。２０１６年、侍ジャパン女子代表候補（マドンナジャパン）の公式サポーターに就任するなど、持ち前の明るさとガッツで活躍の場を広げている。簿記資格保持者。

澤　昭人（さわあきと）

１９６３年生まれ。東京都出身。公認会計士。早稲田大学法学部卒業。新日本有限責任監査法人（旧太田昭和監査法人）を経て、現在、澤公認会計士事務所代表。一部上場企業、上場を目指すベンチャー企業の社外取締役なども務める。「公認会計士らしくない公認会計士たれ」をモットーに、持ち前の好奇心と行動力で、公認会計士の枠にとどまらない活動を展開している。『簿記検定［日商３級基礎編］に面白いほど受かる本』（ＫＡＤＯＫＡＷＡ）をはじめ、簿記・会計に関する著書の累計は90万部を超える。

なぜ彼女が帳簿の右に売上と書いたら世界が変わったのか？

二〇一六年九月七日　第一版第一刷発行

著者　衛藤 美彩
　　　澤 昭人

発行者　清水 卓智
発行所　株式会社ＰＨＰエディターズ・グループ
〒一三五—〇〇六一　江東区豊洲五—六—五二
☎〇三—六二〇四—二九三一
http://www.peg.co.jp/

発売元　株式会社ＰＨＰ研究所
東京本部　〒一三五—八一三七　江東区豊洲五—六—五二
普及一部　☎〇三—三五二〇—九六三〇
京都本部　〒六〇一—八四一一　京都市南区西九条北ノ内町一一
PHP INTERFACE　http://www.php.co.jp/

印刷所
製本所　凸版印刷株式会社

ISBN978-4-569-83186-2